灾害与社会管理专家论坛丛书

ESTABLISH SCIENTIFIC AND EFFICIENT MECHANISM FOR THE EMERGENCY MANAGEMENT

建设科学高效的应急管理机制

2008 年

ESTABLISH SCIENTIFIC AND EFFICIENT MECHANISM FOR THE EMERGENCY MANAGEMENT

灾害与社会管理专家论坛丛书

2008

建设科学高效的应急管理机制

主编　蒋树声

群言出版社
Qunyan Press

图书在版编目（CIP）数据

建设科学高效的应急管理机制/蒋树声主编．—北京：群言出版社，2009.4

（灾害与社会管理专家论坛丛书；6）

ISBN 978-7-80256-000-0

Ⅰ．汶…　Ⅱ．蒋…　Ⅲ．抗震救灾—工作—中国—文集
Ⅳ．D632.5-53

中国版本图书馆 CIP 数据核字（2009）第 038424 号

建设科学高效的应急管理机制

出 版 人　范　芳
责任编辑　樊　伟　盛利君
出版发行　群言出版社（Qunyan Press）
地　　址　北京东城区东厂胡同北巷 1 号
邮政编码　100006
网　　站　**www.qypublish.com**
电子信箱　qunyancbs@126.com
总 编 办　010-65265404　65138815
编 辑 部　010-65276609　65262436
发 行 部　010-65263345　65220236

总 经 销　群言出版社发行部
读者服务　010-65220236　65265404　65263345
法律顾问　中济律师事务所
装帧设计　北京美信书装设计工作室
印　　刷　北京市耀华印刷有限公司

版　　次　2009 年 6 月第 1 版　2009 年 6 月第 1 次印刷
开　　本　787×1092mm　1/16
印　　张　18.375
字　　数　214 千字
书　　号　ISBN 978-7-80256-000-0
定　　价　48.00 元

灾害与社会管理专家论坛

《建设科学高效的应急管理机制》
学术委员会名单

主任：陈 颙 中国科学院院士，中国地震局研究员

张梅颖 全国政协副主席，民盟中央第一副主席 教授

张宝文 民盟中央常务副主席

委员：（按姓氏笔划排名）

丁元竹 国家行政学院决策咨询研究中心副主任、研究员

马宗晋 中国科学院院士，国家减灾专家委员会主任

王光谦 民盟中央教育委员会主任，清华大学教授

王烜隽 民盟北京市妇女委员会主任
北京石油管理干部学院企业领导力教研室主任
教授

王振耀 国家减灾委办公室常务副主任，民政部救灾救济司司长

王新前 四川省社科院研究员

史培军 北京师范大学教授、常务副校长，汶川大地震专家组副组长

田　静	民盟中央科技委员会主任，中科院高技术研究与发展局局长
闪淳昌	国务院参事　国家减灾委专家委员会副主任 国务院应急管理专家组组长
刘　宁	水利部副部长
孙四海	北京市房地产科学技术研究所
张　力	民盟四川省委副主委、四川省民政厅副厅长
邹其嘉	中国地震局地球物理研究所　资深研究员
陈　安	中国科学院科技政策与管理科学研究所副研究员
郑尤坚	民盟广东阳江市委主委
郑功成	民盟中央经济委员会主任，中国人民大学教授
金　磊	中国灾害防御协会副秘书长
郝际平	民盟陕西省委副主委，西安建筑科技大学研究生院常务副院长　教授
索丽生	民盟中央副主席　教授
顾林生	清华大学公共安全研究所所长

灾害与社会管理专家论坛

《建设科学高效的应急管理机制》编委会名单

2008年7月18日，民盟中央“灾害与社会管理专家论坛”在北京举行年会。

左起：王绍玉、刘宁、史培军、蒋树声、索丽生、郑功成、高拴平

“灾害与社会管理专家论坛”第六届年会致辞

全国人大副委员长
民盟中央主席
蒋树声

各位专家、各位盟员，同志们：

大家好！

民盟中央“灾害与社会管理专家论坛”今年已是第六届。在国家有关部门和盟内外各位专家的大力支持下，论坛的内容越来越广泛和深入，影响越来越大，这一论坛已成为我们民盟参政议政的一个品牌。对此，我代表民盟中央对大家的关心和支持，对大家光临今天的论坛，表示诚挚的感谢。

“灾害与社会管理专家论坛”集民间性、专家性、高层性、建言献策性于一体，在我国救灾和应急管理体系的建设中发挥了一定作用。以往的几次论坛，共有五十多位院士、专家发表了颇有见地的观点和见解。以此为基础，民盟中央给中共中央、国务院上书，提出政策建议，受到中央的高度重视，在全国政协会议上做大会发言、提交提案，引起了各方面对这个问题的广泛关注。我们的许多意见建议已经被吸收进国家有关的决策和法规当中。同时，在国家有关部门的支持下，民盟中央着力开展应急管理的实践。于2004年底在哈尔滨市道里区开展了“地方政府应急体制建设试点”工作，取得了阶段性成果。近期，我们还正在广东阳江着手开展促进农村平安社区建设工作的试点。

在汶川大地震以后举办“灾害与社会管理专家论坛”，意义非同一般。今年论坛的主题是“巨灾应对机制”、“平安社区建设”、“灾害保险”等，并增设了“汶川地震灾后恢复重建”专题。这几个问题既紧密联系了当前抗震救灾工作的实际需要，又具有重要的深远意义。从2003年的“非典”到今年的汶川大地震，在中央高度重视和全社会普遍关注的推动下，我们国家的灾害应急管理已经有了长足的进步。但经济与社会发展的现实要求也提示着我们，进一步地深入研究灾害与应急的社会管理问题，推动相关的体制与机制建设，仍然是一个十分重要和迫切的问题，我们仍然有很长的路要走。

希望论坛的研究能更契合提升国家应急能力的需要，对构建科学的应急管理体制和一个统一指挥、反应灵敏、协调有序、运转高效的应急管理机制，完善应急管理的法律法规，建设突发公共事件预警预报信息系统和专业化、社会化相结合的应急保障体系，以及具有中国特色的安全社区建设和发展机制等问题，展开深入探讨和建言献策。民盟中央将认真整理论坛的成果，吸收专家们的真知灼见，继续向中共中央、国务院及有关部门提出意见建议，并将专家们的论文编辑成书正式出版。希望在大家的共同努力下，为我国的灾害与社会管理建设做出更大的贡献。

最后祝论坛圆满成功。

谢谢大家！

蒋树声

2008年7月18日

目　录

减灾救灾社会责任及其机制

国家行政学院决策咨询研究中心副主任、研究员
丁元竹

1 基本理论和基本概念：公共治理和社会责任

本文以作者2003年的研究报告《中国2010年：三种可能的前景》提出的中国“沿着实现全面建设小康社会的预定目标稳步前进”的情景分析作为理论框架：中国“沿着实现全面建设小康社会的预定目标稳步前进”，“这个过程产生于科学技术的不断进步、经济的持续健康增长、有力的国际环境、社会与经济的协调发展、能源和生态环境可持续利用和有效治理，我国大多数人民不分地区和城市，不分乡村地都能在发展中获益。技术开发与传播——一方面它将通过技术开发来缩小我国与发达国家之间技术方面的差距，提供我国经济和社会发展的技术含量，促进产业结构升级和产业结构转型，加强我国在国际上的竞争力；另一方面，它将通过技术开发来应对日益严峻的环境和资源危机或公共卫生危机，缓解人口和资源压力。经济增长可以广布财源，提高人民收入和福利，经济增长的前提

是要解决目前存在银行不良资产和国有企业低效率问题。社会发展是保障在经济发展过程中及时处理和消除社会差别（地区差别、城乡差别和贫富差别）、扩大居民的就业，能源和环境的可持续利用将为我国在2050年达到中等发达国家的战略目标提供强有力的基础，并保持一个良好的国际环境；治理在国际和国内都需要的是我们现在所说的善治，即政府在处理国内公共事务和国际公共事务的过程中，通过积极的制度安排，使国家面对的内部和外部的公共事务和公共危机能够以最有效的方式解决，国内和国际冲突大幅度减少。在这样的发展模式下，只有少数地区和居民无法从中获益。目前，中国处于对未来发展决策的关键时期，未来5～10年将决定中国未来的发展路向。应当让更多的人参与这个决定中国未来发展方向的决策中来，如果大部分认为‘我不能影响未来发展，我何必参与’或‘官员与商人决定未来，我只管自己的事情’，那么中国就很难看到一个有效的发展规划和解决问题的一揽子措施，促进更多的人民参与将是我国应对危机的最有效的办法”。* 这个理论框架提出的思想又基于本人对治理理论的理解。

“治理是关于政府与其他社会组织的互动以及他们如何连接市民”。** “治理是指一系列的价值、政策和制度，通过这些，一个社会可以来管理它的经济、政治和社会”进程。它是一个国家开发经济和社会资源过程中实施管理的方式。它同时也是制定和实施决策的过程。治理还被界定为限制和激励个人和组织的规则、制度和实践的框架。所以，治理不仅仅局限

---

* 丁元竹等著．中国2010年：风险与规避．中国大百科出版社，2005：68～69

** Governance and Good Governance: International and Aboriginal Perspectives, Tim Plumptre & John Graham, Institute On Governance, December 3, 1999

于政府，也包括多元角色的互动。* 为了正确理解治理，首先，要意识到重视公众利益并不意味着要约束政府。政府应当与其他角色包括媒体、一些社会组织、军事组织、宗教组织以及商业组织分享公共责任和共同利益。在这里，不能忽视善款接收机构的作用——有时叫公民社会，包括志愿机构和非政府组织。** 其次，“治理是一种驾驭和引导社会和组织的艺术”***。“治理是决定权利如何应用，决定如何做出，市民或利益相关者如何参与的结构之间、过程之间以及传统之间的互动”。治理不仅决定走向哪里，而且也决定谁应当参与决策和以什么样的资格参与。基本来说，治理是权利、关系和责任：谁有影响，谁做决定，以及决策者是如何问责的。再次，企业和社会组织介入公共事务能够提高公共管理的水平。在一些管辖区域内，企业更多地介入社会服务运作。有些政府也认为需要把一些功能转移给志愿部门。需要讨论的是在政府对于一些公共事务失灵或无力治理的情况下，如当超出政府管辖、政府能力有限或政府没有兴趣去处理一些公共关心的问题，这个时候，要发挥治理的独立作用。对于加拿大的经验研究表明，公共对话与政府的信任度之间有明显关系，公共参与可以提高政府的信任度****。对于意大利的研究发现，公共对话能够提高

* Elena Petkova, Crescencia Maurer, Norbert Henninger, Frances Irwin, Closing the Gap, World Resources Institute, 2002

** Governance and Good Governance: International and Aboriginal Perspectives, Tim Plumptre & John Graham, Institute On Governance, December 3, 1999

*** Tim Plumptre & John Graham, Governance and Good Governance: International and Aboriginal Perspectives, Institute On Governance, Canada, December 3, 1999

**** Young, Lisa, Civic Engagement, Trust and Democracy: Evidence from Alberta, unpublished paper presented to the Trends Seminar on Value Change and Governance, Toronto, Ontario, June 1999

经济运做 * 。第四，公共事务越复杂，越需要社会各部门的参与。人们逐渐认识到制度结构或关系——不只是政府内部的制度结构和关系，还包括社会部门的结构和关系，对决策产出发生重要影响，人们越来越认识到政府对于公共事务的影响只是众多因素中的一个因素，事情越复杂，政府的局限性越明显。与此同时，越来越多的人们开始相信，公共关心的重要问题，包括环境问题、信息和通讯技术发展问题非常复杂以至于不能由政府单独决定。

本文根据中国“沿着实现全面建设小康社会的预定目标稳步前进”的情景分析和治理理论，结合四川“5·12”救灾赈灾经验提出基本理论如下：救灾减灾要发挥社会的责任。

本文所谓社会责任，有其特定含义，就是指在灾害事前和事后管理中，公众都发挥着不可忽视的作用。救灾减灾的社会责任，从大的方面说包括两个方面：一是社会对救灾减灾应当承担的责任，它包括全体社会成员的救灾防灾意识与突发事件处理能力的提高、灾害发生后的参与；二是突发事件的管理部门在危机管理预案中对公众角色的考量及相应的制度安排，包括事前的培训、预案制定的参与、事后管理中的参与。

2　救灾减灾中的社会责任内涵

2.1　全体社会成员应当具备基本的应急意识和应急能力

全体居民得到更好的应急培训和使他们有更好的应急准备

---

* Helliwell, John and Robert Putnam, Economic Growth and Social Capital In Italy, Eastern Economic Journal, Volume 21, No. 3, Summer 1995

是突发事件管理的基本前提，也是使危机管理体制和机制保持最低成本的基本要求。“突发事件的第一个反应者可能不是警察或消防人员，或许是当事人或目击者”。这是一位美国“9·11”事件亲历者的经验。

以2008年春运期间广州火车站滞留旅客为例。2008年春运期间，广州火车站旅客滞留初期，政府应急机制尚未启动时，广东志愿者就反应较快，主动到火车站服务，到列车上服务。当大量滞留旅客拥挤混乱时刻，志愿者进行心理疏导，沟通劝阻，发挥了非常重要的作用，不仅有助于防范恶性事件，而且有助于帮助政府与滞留旅客的相互理解、相互支持。为抗击寒灾影响，广东省志愿者协会组织6000多名志愿者在广州火车站和京珠高速公路为百万广州市火车站滞留旅客和京珠高速公路滞留旅客提供的应急志愿服务，保障了必要的饮食、防寒与安全。但是，对于拥挤在火车站的人来说，最直接的问题是信息缺失。在突发事件中，信息缺失会导致恐慌。广州火车站的信息缺失导致了恐慌快速蔓延与巨大人流盲动，造成群死群伤。湖北姑娘李红霞不可能被冻死、饿死或困死，她死于舍不得行李而弯了腰，几分钟之内就被踩死。在这期间，也曾发生滞留旅客对志愿者的无礼行为。类似广州出现的问题，国际上一般是通过提高全体公民的应急意识和应急能力来减缓或消除危机。这点可以从国际经验中找到佐证。人们之所以说“突发事件的第一个反应者可能不是警察或消防人员，或许是当事人或目击者”，是基于美国的历史和经验。美国非常重视市民的危机意识和技能的培养和提高。“9·11”事件中，从双子座往下撤的人群，居然还礼让女士和行动不便者，在被劫持的飞机上，居然有乘客主张用投票决定是否冲进驾驶舱制服恐怖分子，等等。现实生活中，美国也确实重视对平民的危机意识和突发事件能力的培养。美国著名的组织——市民服务队（Citizen Corps）遍布美国，涉及广大居民——它要求每个居民对于自己的家乡和所居住的城市承担应急的个人责任，参加培训，掌握应急技巧，在遇到紧急状态下迅速做出反应，参与应急救援工作和维护社区安全（表1）。市民服务队的宗旨是每个人都对国家安全负有责任，它要求每个人作为个人的责任时刻准备着，去参加训练，提高在第一时间应对突发事件的技能，志愿参与当地的突发事件应对、灾害救助和社区安全工作。

表1　市民服务队统计 *

州/领地委员会（个）		55
县/地方/部族委员会（个）		2, 318
	消防队（个）	687
	街道巡逻（个）	14, 791
	警务服务志愿者（人）	1, 689
	医疗服务队（个）	732
	社区突发事件应急小组（个）	2, 901
服务人口 （2000人口普查资料）		223, 783, 066 （美国总人口的78%）

日本在这方面也有值得借鉴的经验。"日本政府在阪神地震后还加强了政府管理部门、防灾研究者和地区民众三者之间的联系和沟通。日本3000多个市、区、町、村资助防灾组织率约达60%，多数家庭加入其中。日本积极推动市民防灾教育和防火训练的实施，以及社区志愿防灾组织的建立，改变过

* www. citizencops. gov

去单一依靠政府进行减灾工作的传统，努力建成一个由政府、社会团体和个人组成的全社会防灾体系”。*

事实上，一旦出现突发事件，如果当事者不会出现惊慌，大家就会有意识面对突如其来的事件。广州有关部门的负责同志后来总结说，“如果当时广州火车站的旅客有应急意识和一定的应急能力，就不会出现后来的各种拥挤、混乱，甚至是恶性事件”。从广州的经验看，仅仅看应急志愿者和应急人员是不够的，必须培养全体公民的应急意识和提高全民的应急能力。

2.2 社会成员应当参与应急预案的制定

切实可行的应急预案必须建立在应急管理部门在充分分析可能出现的突发事件的基础上，应当包括应急教育和培训内容，并尽可能让市民都能接受相应的教育和培训，还要通过广泛的社会讨论产生和形成。所谓社会讨论，就形式来说，既不是有关政府的闭门讨论，也不是网络空间上的散漫议论，它需要吸引所有的相关者参与，如政府部门、军队警察、社会组织、志愿者以及从事相关研究的科研人员。就讨论内容来说，要讨论可能遇到的所有问题，诸如，一定期间可能出现的突发事件会有哪些？怎样传达信息最有效？怎样做出最快的反应？怎样发现危机？在危机中如何保护自己和帮助别人，等等。通常社会成员参与应急预案的制定包含三个方面的含义：第一，公众有权参与涉及到他们自身利益的突发事件应急预案问题的讨论和审议，并发表自己的意见，被实施政策的地区和部门的

* 赵萍、王磊：日本应对灾害之策对我国的启示．中国经济时报，2008－04－03。

各利益群体和个人都将要参与应急预案的讨论和制定，并参与政策的实施；第二，通过参加应急预案制定，使公众对突发事件有全面地了解和理解，在突发事件中，他们可以从自身做起，从自己的家庭做起，从自己负责的部门做起，从自己管辖的地区做起；第三，通过参加应急预案制定，公众自己可以对于可能出现的突发事件进行监督和报告，决定如何采取行动，如何与应急部门衔接。

进一步说，公众参与的目的在于形成对于应急预案的广泛群众支持和理解，在目标、原则、问题、优先步骤、政策和行动上，在参与者之间形成一致性意见。按照综合决策的原则，在决策的过程中，决策除由专门的委员会提出外，还必须得到公众的认可，虽然，公众的认可在相当多的情况下是很含糊的。公众意见的一致性是指：一般的同意——大部分的参与者可以接受的条件，虽然并不是所有的参与者对决策怀有极大的热情。一致性也不是意味着全身心地同意或毫无疑义：其中可以存在不同的判断、不同的价值观念和不同的分析方式。但是，一致性也不是少数人的意见，但是少数人的意见必须得到充分的考虑。如果出现分歧可以进行协商。协商的目标是处理好突发事件中固有的问题，实现政策制定、目标确定或责任划分中的妥协。就整个应急管理水平而言，特别是对于中心目标而言，协商是非常重要的手段。公众参与突发事件应急预案面临的主要挑战之一是如何提高参与的水平和参与的效果，在建立公众参与制度的过程中，必需消除误解，那就是认为公众参与纯粹是非政府行为，相反，政府应当在公众的参与中发现自己的适当的位置，这样会提高公众参与突发事件应急预案的有效性。

突发事件管理也是一种文化，它应当通过潜移默化，成为人们的理念和行为方式。这个全新的行动最终要通过制度化来确立——我们在此所说的制度化完全是一个社会人类学的概念。在社会人类学中，制度是指已经建立起来的行为方式和行为规范。这种制度可以分为民俗与民德——在突发事件管理中，这种民德和民法表现为一种新的道德标准。这种道德标准的内涵是应当尊重和考虑所有的利益集团的需求和价值观。我们的时代需要通过各种方式来建立应急文化，并使这种文化成为政府官员、企业家和其他公民的行为准则和内心的价值标准。

2.3 社会成员应当参与突发事件的事后应对

社会组织和志愿者是应对突发事件和减灾救灾中不可缺少的力量，这是我们从四川“5·12”地震得到的基本经验。四川“5·12”地震后，成千上万的志愿者从全国各地，甚至世界各地或是通过组织，或自发地赶赴灾区，他们出现在紧急救援、医疗救助、伤病陪护、心理救援、儿童教育、物资发放、卫生防疫乃至抢收抢种等一切需要人力的地方。赈灾初期，上百家民间组织自觉受命于危难之际，发出抗震救灾行动联合声明，之后，他们发挥各自专业优势，独立行动，以最快的速度参与紧急救援和灾后重建工作。这次赈灾中，志愿服务具有行动快、人数多、领域广、作用大的特征，是迄今为止我国志愿者动员最多、参与人数最多的一次。香港、澳门、台湾的志愿者也分别到达重灾区服务，其中台湾慈济志愿组织来的人数很多，涉及多个灾区乡镇，提供的服务类型多样。总体说来，四川“5·12”地震救灾志愿服务非常及时，在救援工作中做出了贡献，得到政府、机构与群众的高度认可。通常，发动青年志愿者依靠的都是团委，目前看来仅仅靠团委对志愿者进行有目的、专业性的培训是不够的。红十字会人员编制少，灾害到来时需要大量志愿者，也不能满足需求。因此，需要建立一个与减灾救灾体制相适应的志愿者体制和机制。抗震救灾的经验表明，越是第一时间能主动和各级政府、指挥中心或者红十字会联系的志愿者，越容易发挥自己的作用。

3　危机管理预案中对公众角色的考量和制度安排

3.1　突发事件预案的综合决策机制

在制定和实施突发事件应急预案的过程中，建立合作与协商制度，不仅意味着要建立新的利益机制，同时要建立新的价值观念和新的行为规则——在部门之间、中央与地方政府之间、政府与社会组织之间，各个利益群体之间，就突发事件的管理制定全面的协议，在一个总的框架下进行合作，这样就可以达到突发事件管理的目标。协商与合作应当成为我们的时代精神，合作与协商将由人们的心态变成为一种行为，最终成为一种制度。没有协商与合作，突发事件预案的制定和实施是不可能的。

建立突发事件预案综合决策的机制，必须建立部门之间的合作与协商制度，这是因为：（1）突发事件预案是一个不断调适的、周期性的过程；（2）有关部门和利益群体应当参与突发事件预案的所有阶段，在一个多样化的社会里将会出现越来越多的涉及到政府部门的政策和规划与其他活动者和合作伙伴之间的关系问题；（3）沟通决策各部门和决策涉及的各利益群体是综合决策的关键；（4）综合决策是一个提出突发事件预案和推行突发事件预案的行动过程。所以，突发事件预案的综合决策既是一个探索的过程，又是一个参与的过程。所谓探索是指在制定综合决策之前，决策者应当会同专家对决策的目标和实际状况进行研究和评估，提出突发事件管理目标和具体的运作手段，并随着突发事件预案的实施进行监督和修正。

3.2 信息公开化机制

为了提高居民的应急意识和应急能力，必须把公众信息、公众教育和公众沟通纳入到应急预案中，从国际经验看，信息透明化是制止谣言，稳定民心，预防突发事件转化为危机的重要手段之一。也是政府和民众建立信任机制的基础。信息公开化的社会基础是政府和社会成员之间相互信任。信息越是公开，社会内在的信任水平会越高。

"9·11" 事件发生不久，美国又遭遇炭疽粉末邮件的袭击，在民众中造成莫名恐慌，美国政府没有因为刚刚发生"9·11"事件而隐瞒真情。相反，美国政府方面都在第一时间向民众发布关于炭疽粉末邮件的信息。他们当然也考虑到发布信息可能带来的"负面因素"，但让更多人知情，就意味着更多人因有所预防而免于伤害。美国政府出色地处理了"9·11"事件，使其负面影响降到最小程度。事件发生后，美国联邦政府和纽约市政府采取有力措施，依据法律，在各自领域出色地发挥了自己的作用。联邦政府在危机初期就准确地给事件定性。布什总统在事件发生后1小时就向全国发表电视讲话，向全国公众和全世界公布了事件的发生，并明确表示美国遭受了恐怖主义的袭击。之后，布什以总统的权威领导危机事件处理，保证决策效力，同时放手让危机处理部门进行具体处理工作，使常设的危机部门——国家安全委员会发挥了明显的作用。不久，布什宣布成立国土安全办公室来统一原来分散在不同部门的反恐工作，并筹集巨额专项资金预防和打击恐怖主义。在整个事件处理中布什还加强对媒体的管理，通过媒体快速传递权威信息，引导公众情绪。他在危机爆发3小时后又发表第二次全国电视讲话。当天晚上第3次向全国发表讲话。他说："让人民知道发生了什么和了解政府还在运转，这非常重要。"事件的第二天，布什指示新闻处至少每天一次将危机处理进展情况告诉美国公众，提醒民众预防新的袭击，并控制不利于减轻危机蔓延的信息和谣言。

3.3 社会组织的参与机制

建立社会组织的参与机制并非是一件容易的工作，但是这个问题不能回避。要把社会组织的参与变成实际行动，必须建立和完善相应的机制，它依赖于：（1）各级政府部门、社会组织、个人对于救灾减灾形成一致的理解；（2）对各级政府部门和有关利益群体的参与者社会组织进行有关问题的培训、教育和沟通的程度，培训的内容包括：救灾减灾的思想、合作与协商的形式、沟通的方式，等等；（3）各部门的通力合作制定保证减灾救灾决策顺利实施的立法、法规和准则，《国务院突发事件应急条例》已经为在我国建立综合决策机制奠定了法律和法规基础。无论在何种情况下都应当保证各种利益的统一——这应当成为一种制度，一种决策制度；（4）完善社会组织参与的税收政策，等等。

3.4 财政体制和社会资金使用监督机制

从国际经验看，善款接收机构的权利不是归捐赠者、政府官员或专业管理者所有，而是归那些来自不同背景的志愿者领导人组成的理事会所有。在美国，善款接收机构理事会成员在法律的要求范围内——包括团体组织法以及根据州非营利法和联邦税收与公民权利法制定的章程来行使自己的权利。它的外部机构，如州司法部或内务财政部运用一些法规控制外，善款接收机构的大部分权利行使包括自我规制、问责性和伦理实践，这依赖于成千上万的服务于理事会的成员们。一些善款接收机构在财政、管理和治理实践中暴露出的严重和引人注目的弱点破坏了公众对于整个善款接收机构的信心，恢复公众对于善款接收机构信心的办法莫过于善款接收机构的管理组织能够向公众保证他们理解自己只是充当守护人和监护人（Trustee），他们能够保证善款接收机构的问责性（Accountability）。Judith R. Saidel 认为："在志愿部门，治理一般是指理事会成员和执行官发挥关键作用的行动领域"。"它与目标、基本的组织活动、决策、参与者以及环境有关"*。Mark Lyons 认为"治理包括一种特殊的管理。治理者们负责组织的整个方向。治理不可避免地包括大量责任和判断。从法律的角度来看，治理者对组织负责，他们负责组织干什么，怎样干和怎样干好。他们还负责保证组织依法履行自己的义务。尽管治理者负有如此重要的职责，但是通常他们是以志愿者身份参与善款接收机构的治理，理事会成员只是一份兼职工作，通常一个月参加一次理事会"。** 就善款接收机构来说，它的治理更体现出志愿精神的价值。

---

* Judith R. Saidel，（1998）. Expanding the Governance Construct：Functions and Contributions of Nonprofit Advisory Groups，Nonprofit and Volunary Sector Quarterly，Vol. 27，no. 4

** Mark Lyons，（2001）. The Contribution of Nonprofit and Cooperative Enterprises in Australia，Third Sector.

善款接收机构缺乏营利部门所具有的底线——最低利润底线，善款接收机构必须具有一个明确的任务和目标，并且必须把这些抽象的目标变成可操作的目标和可以实施的行动方案。当然，如果营利部门没有明确的目标，也会陷入混乱，他们的努力也会付诸东流。但是，在一定时期和一定的资金底线内，营利部门可以混乱，缺乏目标。善款接收机构则不可这样，否则，它马上会陷入混乱，善款接收机构必须不断重申自己的使命，这是毫无疑问的——因为善款接收机构依赖于捐赠者、志愿者，或者兼而有之；善款接收机构需要非常明确它要达到的结果（Outcomes）和社会影响，营利部门则主要考核利润；营利部门经营所得归自己所有或归股东所有，相反，善款接收机构的所得不论来自捐赠者还是纳税人，都不归自己所有——它们是重视公共财富，善款接收机构的理事们只是这些资金的看管人而已。所以，善款接收机构非常强烈的问责性机制——问责它的使命、产出、资源配置和它们的生产率，需要非常明确它们的责任。它们需要有效的、强有力的、直接的治理和清晰的治理结构。实际上，善款接收机构的理事会一直非常重要，不过人们对于它的作用的关注超过以往。这个细致的观察一直受到下列因素的影响：计量善款接收机构提供的服务需求对于资助这类服务的私人或公共资金来源的极度竞争以及人们对于善款接收机构传递服务取决于它们领导人的效率这一日益增长的认同，等等。

4 思考与建议：完善社会参与机制，提高政府社会管理水平

4.1 把提高个人的应急意识和应急能力视为公民的社会责任

社会责任感是指在一定的社会生活中，为了维护正常的社会生活秩序，全体社会成员应当对社会和他人负责的一些最基本、最起码的公共生活准则。梁启超《新民说》：“所谓公德者，就其本体言之，谓一团体中人公共之德性也；就其构成此本体之作用言之，谓个人对于本团体公共观念所发之德性也。”“公德之大目的，即在利群，而千万条理即由是生焉。本论以后各子目，殆皆可以‘利群’二字为纲，以一贯之者也。”每个民族由于本身的历史、文化传统，由于民族心理、风俗习惯等，社会责任感和精神世界具有民族的传统的特点。把提高个人的应急意识和应急能力视为公民的社会责任感，作为一种自主的选择，旨在提高全社会应急能力，完善全社会的应急机制，实现社会的平稳运行。只有每个社会成员承担社会责任，才能保证社会的和谐与健康发展。责任感帮助人们努力挖掘人自身的本质力量和本性，强调自己的行为适合客观的需要。四川“5·12”大地震唤起了全社会的责任感，从这场大灾难我们看到，只要大力的呼唤和滋养国人的社会责任与精神世界，我们这个国家、我们这个民族，将在任何天灾人祸、突发危机中，异常坚强、成熟、战无不胜。

4.2 给民间组织和志愿者提供更大的服务空间

按照行政系统把各类志愿者组织整合起来，纳入各级政府应急机制中去，通过这些组织来推进公民应急意识和应急能力的培训。第一，按照普遍倡导、重点支持和专业发展相结合的原则，鼓励现有各类志愿者组织在服务范围内充实和加强应急志愿服务内容，为社会各界力量参与应急志愿服务提供渠道。第二，加强对应急志愿服务组织的规范指导和对应急志愿者的招募、培训和管理。工作人员缺乏专业经验、管理不规范是当前我国志愿者组织的共性问题，由此常导致志愿者参与兴趣和热情的减退。为做好应急志愿服务工作，建议有关部门要加强对参与应急管理志愿服务组织的规范指导。第三，开展应急志愿服务示范项目建设。选择试点项目区的部分高校、社区、企业、乡村等，招募或组织现有青年志愿者，成立地震应急救援青年志愿者服务队，通过开展培训演练、配备必要装备、开展应急服务等，不断总结应急志愿服务的经验，为开展全国性的应急志愿服务提供示范。第四，要教育和训练政府官员，在紧急情况下，怎样与志愿者合作。要教育个别官员不要把政府的等级关系强加于志愿者，相反地，要更有弹性并能鼓励多元化的志愿服务。有关部门应该与志愿组织共同地讨论和预想相互合作的程序，并将这些程序，纳入有关官员培训和志愿人员培训的内容。

4.3 完善全国居民应急网络

在国务院应急办公室下设公民应急动员协调局，帮助社区预防、阻止、应对突发事件，以及灾后恢复和重建。协助社区建立社区突发事件应急小组、防火小组、医疗救治小组、社区巡逻以及警务志愿者。以各级政府的应急管理组织为核心，建设以社区为纽带的全国居民应急网络，每个社区都应当建立应急小组，每个社区都应当与当地政府的应急管理部门联系、合作，把对居民的培训、组织纳入到整个国家应急体系中去。

在这种组织的运作中，美国联邦紧急事务管理署下属的紧急事务管理研究所（EMI）负责开展一系列紧急救援志愿者的培训课程——独立学习课程（IS），只有修完这些课程，获得结业资格的人才能成为紧急救援志愿者数据库中的一员。这些课程的学习，由紧急事务管理研究所把握其考核标准，所授权的机构进行培训考核。与此同时，市民服务队也在社区层面上针对个人、家庭进行培训，提高每个人的危机意识和危机处理能力。

4.4 建立和完善减灾救灾的综合决策及其实施机制

第一，通过多部门之间的共同参与和共同论证来解决和落实优先解决的问题和优先开发的项目。

第二，为了使综合决策顺利实施，建立相应的机构和相应的法规，这主要包括对各级政府、部门和有关利益群体的参与者进行综合决策有关问题的培训。

第三，在示范过程中逐步建立保证综合决策按既定目标实施的监督与评估机制。评估是综合决策的一部分，它贯穿决策始终并寓于决策过程的每一个方面：决策目标、部门和公众参与、部门和社会群体的沟通、决策体系中的利益群体的规定、优先发展项目的规划、政策执行和政策实施效果，等等。

4.5 建立和完善减灾救灾社会责任的财政基础和监督机制

可以先进行强化减灾救灾社会责任的财政支持体制的示

范，给予示范地区、示范部门或示范项目一定的财政支持。在建立强化减灾救灾社会责任的财政支持机制时，可与目前正在进行的财政金融改革结合起来进行。资金支持是强化减灾救灾社会责任的基本保证。各级政府需要在应急预算中考虑社会力量参与应急准备的费用。在美国国土安全部2007年招标项目中，专门有支持市民服务队的预算。

参考文献

曹康泰主编．突发公共卫生事件应急条例释义．中国法制出版社，2003

俞可平．治理与善治．社会科学文献出版社，2000

Lukaszewski，J. E. 1994. "Crisis Management/Vulnerabilities" in Crisis Prevention，Part I—Keeping Your Crisis Communication Management Plans Current. January/February/March 1994

Roth，E.，Morgan，M. G.，Fischoff，B.，Lave，L. and Bostrom，A. 1990. What do we know about making risk comparisons? Risk Analysis 10：375～387

Slovic，P.，Kraus，N. and Covello，V. T. 1990. What should we know about making risk comparisons? Risk Analysis 10：389～392

我国的地震灾害及其应对

中国科学院院士
国家减灾专家委员会主任 马宗晋

1 我国强震活动及地震带分布情况

我国位于世界两大地震带—环太平洋地震带与欧亚地震带之间，受太平洋板块、印度板块和菲律宾海板块的挤压，地震断裂带十分发育。全国地震震中的90%主要分布在西部，100年以来，西部地区与东部地区发生地震比例是9:1，而东部发生的地震主要集中在华北，长江以南比较稀少。亚洲非常著名的地震带——南北地震带，北起内蒙古，南至云南，东半部和西半部的边界特别清楚，中间是地震特别多的地带，古住今来地震频发。这是一个很宽的地震带，大概有五度，500km或再宽一点。这个地震特别多的带向蒙古、贝加尔湖一直延伸下去，北边就到了黄河大拐弯的地方，宁夏和甘肃的东端。华北地区是地震发生较多的地区。

2 地震灾害对社会生活和经济发展会产生重大影响

地震发生十分突然，一次地震，持续时间往往只有几十秒钟，在如此短暂的时间内造成大量房屋倒塌、人员伤亡，这是其他自然灾害难以相比的。

大地震由于突发性强、伤亡惨重、经济损失巨大，往往会产生一系列连锁反应，对于一个地区甚至一个国家的社会生活和经济活动造成巨大冲击，因此会引起社会、政府乃至国际上的高度重视。同时，一次地震的破坏区虽然有限，有感范围却很大，波及面广，对人们心理上的影响也比较大，这些都可能造成较大的社会影响。

3 防御破坏性地震任重道远

地震无法预防，目前的研究重点是如何使地震带的人们生活得更安全些。从当前科学技术水平和国家经济实力出发，我国对破坏性地震主要从两方面进行防御。

3.1 “硬件”方面的措施——工程性防御

就是想方设法把各种建筑物和容易发生次生灾害的城市设施尽可能地盖结实，使它们遇震不倒，修复可用；对已经建成的建筑物进行抗震加固，提高其抗震能力。这里所说的建筑物，不仅是住宅、校舍、商店、影剧院等生活设施，还包括那些特别重要、特殊的工程，如大型工厂、矿山、计算机网络工程、超大型桥梁等，也包括那些容易发生严重次生灾害的建筑设施，如大型水库、核电站、危险品仓库，等等。近些年来，我国的地震科技人员编制了地震烈度和地震动参数区划图，为一般民用建筑提供了科学合理的抗震设防标准，对建设工程抗震设防的监管力度逐步加大，如对三峡工程、大亚湾核电站、西气东输、青藏铁路等一系列重大工程开展了地震安全性评价工作，对地震重点监视防御区的一些建筑物进行加固，加强对农民建房和村镇公共设施抗震设防的指导等。这些措施大大提高了我国的地震灾害防御能力。

3.2 “软件”方面的措施——非工程性防御

我国于1998年3月实施《防震减灾法》、《地震预报管理条例》、《地震安全性评价管理条例》等配套法规也陆续出台，各级人民政府依照法律的规定，对地震防御工作做好宣传、组织和管理，协调全社会做好各方面的防震减灾准备。其中包括社会的组织动员，整个社会要协调、有序、高效的采取各方面的减灾措施等，这方面工作的落实很重要的基础就是要积极开展科学知识的普及和防灾意识的普及等宣传教育的工作。按照我们国家法律的规定，每一位公民都有义务接受防震减灾知识的宣传教育，不断增强防震意识，提高抵御地震的能力。经常发生破坏地震的地区，特别是人民政府正式发布了地震预报的地区，每个家庭都应在当地政府和有关部门的指导下，认真地做好家庭防御准备。通过持续不断的科普宣传，使公众参与防震减灾的意识有所增强，人们鉴别地震谣言的能力和防震避险、自救互救的知识与技能不断提高。当大的地震灾害事件来临时，我们要高效的应对，在第一时间内的应急措施要跟上，第一时间的反应必须正确。从政府到社会各个层面都需要有一套完备的应急预案体系，发挥好每个岗位上最大的效能，这需要靠应急预案体系。

与此同时，我们必须清醒地认识到，我国防震减灾工作还存在不少困难，例如地震监测预报能力和水平与社会需求之间尚有较大差距、政府应对地震灾害的能力和公众面临地震时的防灾避险的意识与知识尚亟待提高等。与洪水、干旱、台风等气象灾害相比，地震的预测要困难得多。同时，建筑物抗震性能的提高，需要大量资金的投入，这也不是短时期能够做到的。总之，要减轻地震灾害，需要各方面的协调和配合，需要全社会长期艰苦细致的工作。因此，对地震灾害的防御，比起其他一些灾害来说，可能更困难一些。

堰塞湖溃决风险分析及应急处置措施

清华大学水沙科学与水利水电工程国家重点实验室
王光谦　傅旭东　李铁建　张建新
刘　帆　高　洁　林森斌

王光谦

1　堰塞湖的形成与危害

堰塞湖是由火山熔岩流、冰碛物或由地震活动等原因引起崩塌、滑坡、泥石流等堵截山谷、河谷或河床后贮水而形成的湖泊。堰塞湖的堰塞体由松散的土石堆积物组成，在冲刷、侵蚀、溶解、崩塌等作用下通常很少长期稳定[1]。据统计资料表明，堰塞湖形成后，在 10 天内溃决者超过 50%，2 个月内溃决者超过 60%，1 年内溃决者超过 90%。堰塞湖的危害在于：在河道持续来流的作用下，堰塞湖的水位会迅速上升，从而湖水漫溢冲刷或者堰体渗透破坏导致溃决，倾泄的湖水将迅速淹没冲毁下游两岸房屋、田地、基础设施等，其破坏性不亚于地震灾害，危险性极大[2,3]。

在历史上，四川省两次大地震形成的堰塞湖都发生了溃决洪水。详细史料记载的 1786 年康定大地震、1933 年四川叠溪大地震，堰塞湖溃坝惨剧造成的死亡人数，数倍于地震直接死亡人数。1786 年 6 月 1 日（清乾隆五十一年五月初六），在我国北纬 29.9°、东经 102.3°的四川康定、泸定区域内发生了震级 7.5 级、震中烈度 9 度的强地震，泸定至汉源的磨西附近发生山崩，导致大渡河上游堵水形成堰塞湖，堵水蓄水量约 2 亿 m^3。堰塞湖形成后第 9 日，水流漫过堰塞坝顶导致溃决，大渡河出现历史大洪水。据文献记载："河水奔腾，汹涌异常。"大渡河最下游的乐山市河段"涛头高数十丈，城南有铁牛高丈许亦随流而没"；造成"滞水泄洪，水打嘉定府（乐山市）"。1933 年 8 月 25 日（农历七月初五）15 时 50 分 30 秒，在北纬 32.0°、东经 103.7°的四川省茂汶北迭溪，发生震级 7.5 级、震中烈度 10 度的强地震。地震造成山崩、岩石横断，使岷江上游迭溪河段形成堵水堰塞湖，堵水蓄水量约 3 亿 m^3。堰塞湖形成第 45 日，岷江迭溪堰塞湖坝体开始溃决，估计溃决坝体的 2/3，造成岷江历史最大洪水。据文献记载："湖水奔泻"，"洪水位高十余丈"，造成下游"亘古未有之奇灾"，下游 210km 的灌县洪水灾害惨重。

2　汶川地震形成的堰塞湖

2008 年 5 月 12 日，四川汶川发生 8.0 级特大地震，造成多处山体崩塌滑坡。形成的 34 处主要堰塞湖，分布在龙门山断裂带一线的广元、绵阳、德阳等地（图 1）。其中，超过半数处于中危以上，唐家山堰塞湖更处于极高危状态。

唐家山堰塞湖距北川县城上游约 6 公里处，是"5·12"汶川大地震诱发形成的最大堰塞湖。地震导致涪江支流湔江（又称通口河）右岸山体发生大规模滑坡，滑坡体阻塞了湔

图1　四川“5·12”地震堰塞湖分布示意图

江，形成唐家山堰塞坝。其平面形态为长条形，顺河长约803m，横河宽最大约611m，平面面积约30万m^2，坝高82～124m，坝顶面宽约300m，体积约2037万m^3。堰塞坝地形起伏较大，横河方向左侧高右侧低，左侧最高点高程793.9m，右侧最高点高程775.0m。沿顺河方向有一沟槽，贯通上下游，沟槽为右弓形，沟槽底宽20～40m，中部最高点高程752.2m。唐家山堰塞湖库容约3亿m^3，日入湖水量约700万m^3，水位每天上涨1m左右。5月21日17:00时，库内水位为716.01m，相应蓄水量为0.977亿m^3，水深52m；至6月10日1时30分，水位达到最高为743.10m。

唐家山堰塞湖属“高坝大库”，湖水一旦溃决下泄，将直接威胁下游绵阳、遂宁百万群众的生命安全。非常需要在有限的时间内同步实施工程措施抢险和下游人员避险。但是，由于堰塞湖处于大山中，相关水文站点少，震后交通受阻、通信中断，堰塞湖溃决的风险预测和防灾减灾控制的难度很大。

3 堰塞湖风险评估

堰塞湖的风险主要是坝体安全问题引发的下游洪水威胁和湖区水位不断上涨造成淹没损失等方面。“5·12”汶川大地震形成的堰塞湖，堰塞体岩土颗粒组成复杂、质地疏松，导致堰塞体渗流和力学稳定条件极差。在水位逐渐上涨和渗流加剧的情况下，堰塞体随时可能溃决，严重威胁下游河道两侧数以百万计的人民群众和救灾重建队伍的安全，甚至可能造成重大人员伤亡。并且，灾后逐渐进入汛期，较强降雨可能多发，安全形势十分严峻。对堰塞湖进行风险评估，核心内容就是及时准确地预测不确定的来水条件和不坚固的坝体条件下堰塞湖泄流或溃决的模式和时间。其中，堰塞湖集水范围内的水文应急监测和降雨径流模拟是风险评估的基础；关键科学技术任务包括快速完成并逐渐修正降雨径流过程模拟，并将来水预报与堰塞体泄流溃决、下游洪水演进等模型集成，建立风险评估的完整模型体系。

然而，堰塞湖分布区域广，当地安全条件复杂多变，很多关于堰塞湖的水文、水情等资料无法在第一时间获取，为预报评估工作带来很大困难。近年来建立的数字流域模型，提供了缺乏水文资料情况下的堰塞湖入库水量计算的有效工具。数字流域模型从数字高程数据提取河网，得到河网中每条河段的长度、坡度、集水面积等各种属性信息及河网水系的拓扑结构信息；在分布式降雨径流模型基础上，通过河网逐级汇流和基于河网的分布式集群计算，能够实现不同堰塞湖上游汇水区域产汇流过程的大规模并行计算，从而大大缩短预报时间、提高预报效率[4]。数字流域模型通过在类似流域的参数率定和应急水文监测数据的滚动修正，为在资料匮乏的堰塞湖集水流域的应急水文计算奠定了基础，从而可用来进行不同降雨情景下的堰塞湖入流过程和坝前水位上涨过程预测。

应用数字流域模型和天气预报，对唐家山堰塞湖水位变化进行了模拟预测。唐家山堰塞湖流域面积 3550km^2，大部分区域位于绵阳市北川县内，流域内有片口、白什、治城、北川 4 个控制水文站。唐家山堰塞湖上游汇水区的数字高程数据采用美国宇航局航天飞机雷达拓扑测绘（SRTM）数据，数据精度 1:250000，单一栅格面积为 90m × 90m。通过 TOPAZ 提取唐家山流域河网如图 2 所示。图 2 也显示唐家山流域边界与北川县城的位置关系。6 月 5 日夜间开始，四川地震重灾区转为阴雨天气；6 月 6 日白天至夜间，灾区各地普降中雨；6 月 7 日至 6 月 8 日夜间，地震灾区堰塞湖所在流域又出现不同程度降雨。对这一时段唐家山堰塞湖水位的模拟计算结果如图 3。计算和实测结果都表明，在 6 月 7 日 00:00，堰塞湖水位高程已经达到导流槽开始泄流的底面高程 739. 97m。

除了来水预报，堰塞湖溃决风险分析的重要内容是下游洪水的淹没范围评估。下面以唐家山和肖家桥堰塞湖溃决为例介绍洪水传播与淹没范围计算。唐家山堰塞坝高超过 85m，采用工程方案开挖导流槽泄洪，降低坝顶高程 10m。假定溃坝前洪水漫顶，水头 75m，顶宽 599m，蓄水量 2. 3 亿 m^3。通过国家测绘局提供的 1:50000 数字高程模型提取坝下河道横断面和纵断面。采用一维溃坝水力学模型计算唐家山堰塞湖溃坝洪水，将河道断面简化为幂函数形式。假设三分之一和全溃情况，时间步长设为 5s，空间步长 500m，糙率从坝址处至绵阳市按

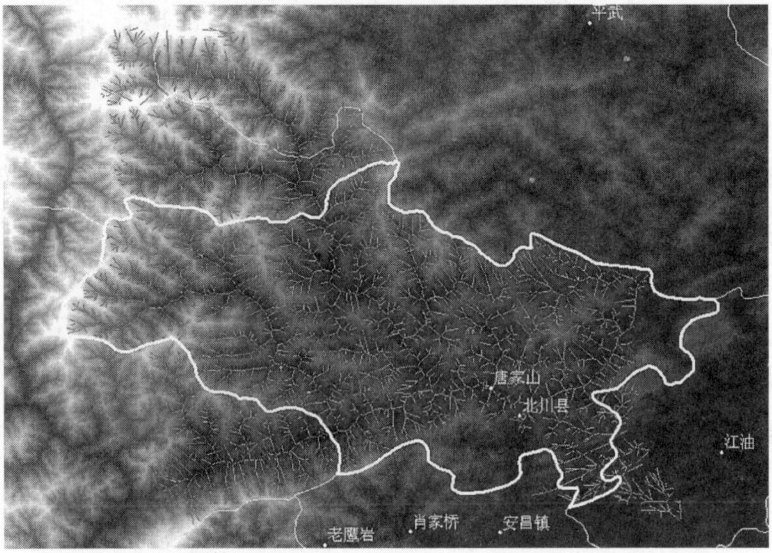

图2　唐家山流域范围（河网）与北川县城边界（粗实线条为边界）

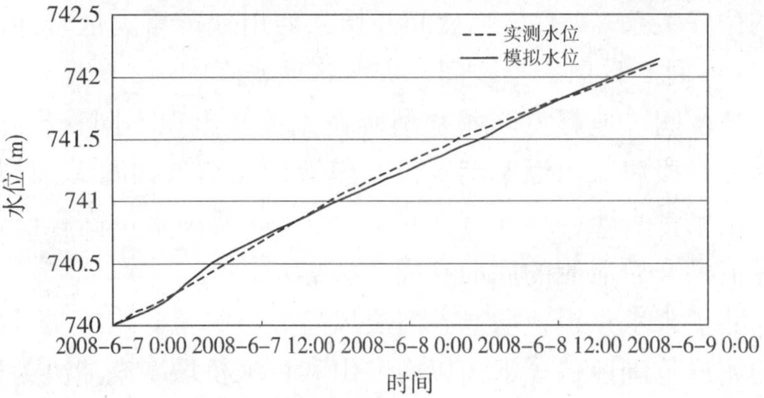

图3　数字流域模型模拟的唐家山堰塞湖水位与实测水位对比

0.07 至 0.03 线性插值。北川县城距坝址 3.5km，通口镇距坝址 25.1km，成绵高桥距坝址 64km。计算沿程最大水深如图 4 所示。

肖家桥堰塞湖（图 5）位于安县茶坪河上游，距晓坝镇 7km。堰塞湖上游集水面积为 155km^2，坝高 61.5m，坝宽 198m，坝长 272m，滑坡方量约 200 万 m^3。假定溃坝前洪水漫

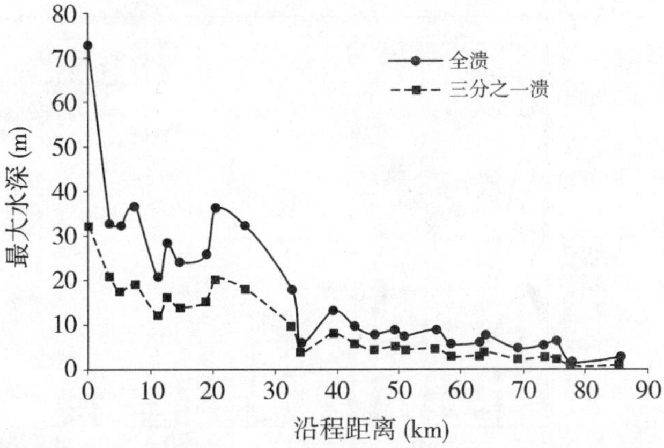

图4　唐家山堰塞湖不同溃决方案下游计算洪水水深

图5　肖家桥堰塞坝（下游）

顶，水头61.5m，顶宽198m，蓄水量1400万m^3。通过数字地形调查河道纵向比降约为0.006。采用一维溃坝水力学模型计算肖家桥堰塞湖溃坝洪水，将河道断面简化为抛物线型，坝高61.5m时，满足坝顶宽和蓄水量条件。设置不同工况，时间步长1.5s，空间步长150m，糙率从计算坝址山区河流段到下游平原河流段按0.07至0.03插值。按不同溃决方案计算结果如图6和图7所示。

根据相应计算结果，使用ArcGIS软件，以国家测绘局提

图6　肖家桥堰塞湖不同溃决方案的下游河道洪峰流量

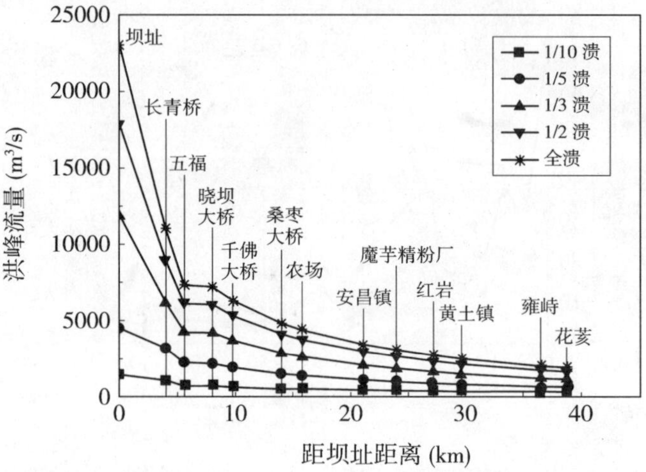

图7　肖家桥堰塞湖不同溃决方案的下游河道洪水最大水深

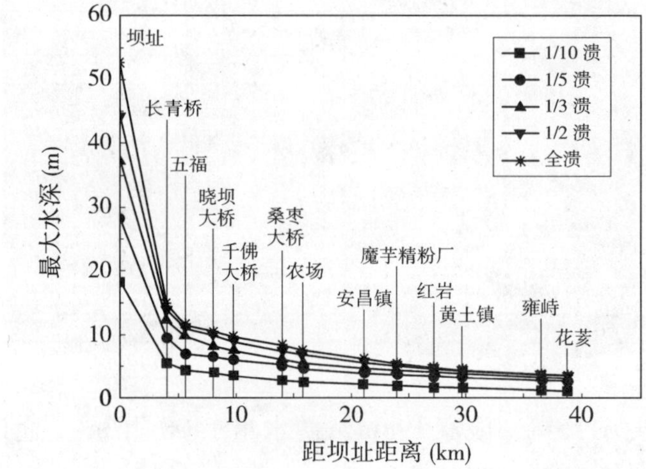

供的 1:50000 的数字高程模型为基础，在下游关键断面之间进行最高水位插值，得出全溃工况下沿河最大淹没范围（图 8）。需要说明的是，因为采用的溃坝模型为一维模型，且水位插值所依据的断面数量有限，本图提供的结果比较粗糙。

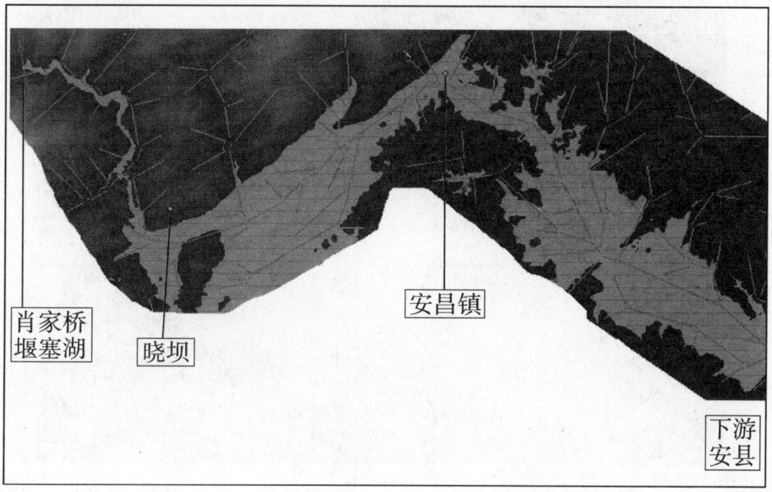

图8　肖家桥堰塞湖全溃方案下游河道洪水淹没范围

4　堰塞湖应急排险措施

通过工程措施开挖导流槽，平稳地把湖水宣泄，降低堰塞湖的水位，是堰塞湖应急处置的主要措施。唐家山堰塞湖由于交通中断，通过大型运输机调运工程机械到堰塞坝顶，开挖了13万m^3的土石方量，形成了长340m，顶宽40m、底宽7m的梯形导流槽，降低坝顶高程10m，有效地降低了堰塞湖溃决的风险。唐家山湖水位超过导流槽底高程开始泄流后，通过冲刷扩大导流槽逐渐加大泄洪量，最终成功宣泄1亿多m^3的湖水，冲刷降低导流槽高程30m，解除了堰塞湖的溃决威胁。最大下泄洪水流量6500m^3/s，没有溢出下游河道。

肖家桥堰塞湖也通过工程措施开挖出底宽40m的导流槽，降低坝高25m（图9）。6月6日13时13分人工开挖泄水，至19时46分堰口趋于稳定，成功宣泄2/3库容，水位下降20m。针对肖家桥堰塞湖的具体情况，归纳出堰塞湖应急除险的

图9 肖家桥堰塞坝导流槽

“快、报、低、保”的四字方针。“快”即快监测、快出方案、快采取措施、快施工；“报”即科学预警、预报；“低”即尽量降低泄流槽槽底高程；“保”即保安全、保交通、保社会稳定。在制定除险方案时，清华大学通过现场考察及计算，提出的肖家桥堰塞湖的除险具体建议包括：

（1）肖家桥堰塞湖堆积体物质组成主要为不同粒径的块石，形态及所受山体制约状况也很特殊，从坝体的稳定性、水力冲刷条件等方面初步判断，瞬时整体溃坝的可能性较小。

（2）沿左岸开挖导流槽方案基本合理，施工中将开挖的堆积材料推向上游湖中是合适的，增加了抗冲稳定性，减少了瞬时溃坝的危险。为进一步避免泄流过程中的突发性，建议适当将开挖的堆积材料也向下游推成缓坡。

（3）对于泄流槽，宽度尽量增加（可增加过流断面以增加泄流能力），槽底高程尽量降低，并加快施工进度，从而减少因蓄水量过大而增加的危险性。

（4）泄流槽左侧利用原山体作为岸坡，可不作抗冲处理；右侧岸坡建成台阶式（使泄流槽呈复式断面），开挖边坡采取抗冲措施。

（5）从平面上讲，泄流槽流路尽量与原河槽接近，右侧坝顶高程宜尽量降低，以便与沿岸公路复建相适应。尤其是应减轻上游大量坍塌物顺水流进入本河段后，因泥沙淤积造床而对该段公路防洪标准的不利影响。

（6）在泄流槽下游可采用交错摆放块石钢筋笼等方式，与长滩电站拦水坝共同起到消能作用。为确保泄流安全，下游泄水面需进行必要的抗冲处理。

（7）加强水情监测，及时进行下游洪水预报，做好预警及防洪预案。建议进行三级预警：即按 1/10、1/5 和 1/3 溃坝制定预警方案。

5 结 语

堰塞湖是山体崩塌、滑坡、泥石流等堵河蓄水形成的。堵河堰塞体是松散的土石堆积物，很少能够长期稳定。在上游持续来流等因素作用下，不仅会淹没上游，还会因漫顶或渗透破坏导致溃决洪水灾害。“5·12”汶川地震诱发形成 34 个主要堰塞湖，超过半数处于中危以上，需要及时开展溃决风险评估和采取除险防灾措施。应用数字流域模型和水动力学模型，在资料匮乏的条件下，能够合理预报堰塞湖的来流入库和水位上涨过程、不同应急预案条件下的洪水传播过程，从而为堰塞湖工程除险与下游人员撤离避险提供了科学依据。针对肖家桥堰塞湖的具体情况，还总结归纳出“快、报、低、保”的堰塞湖应急除险策略。

参考文献

[1] 聂高众，高建国，邓砚．地震诱发的堰塞湖初步研究［J］．第四纪研究，2004，24（3）：293～301

[2] 柴贺军，刘汉超，张倬元．大型崩滑堵江事件及其环境效应研究综述［J］．地质科技情报，2000，19（2）：87～90

[3] 王立辉，胡四一．溃坝问题研究综述[J]．水利水电科学进展，2007，27（1）

[4] 王光谦，刘家宏．数字流域模型．北京：科学出版社，2006－01

加强和谐农村建设中灾害风险管理的思考与建议*

国际减灾大会执行主席
哈尔滨工业大学教授、博导　王绍玉
河北理工大学教授　徐静珍

王绍玉

我国是世界上为数不多的灾害种类最多、发生频率最高、灾害损失最重的国家之一。然而，由于历史原因和经济社会发展水平所限，在我国这样一个大部分国土面积为农村和大部分人口为农民的大国，广大农村地区至今尚未构建起有效的灾害风险防御体系，个别落后地区农村甚至对灾害风险是不设防的。在全面推进新农村建设的进程中，加强灾害风险管理，为农村经济社会发展打造安全屏障，无疑是一项非常重要的工作内容。

1　关于农村灾害风险管理问题的反思

自上一个世纪末联合国开展国际减灾十年（IDNDR）活动以来，城市灾害一直是人们进行灾害防御的重点对象。的

*　本文系民盟中央支持的重点调研课题。

确，同样强度的灾害发生在人口密度和经济密度均高于农村地区的城市，其造成的经济损失和人员伤亡是不一样的。当今世界，已有超过一半以上的人口居住在不到地球表面面积1%的城市地区，由于人口和财富的高度集中，城市灾害造成的损失确实要比农村大得多，因而，加强城市灾害风险管理无疑是减轻灾害损失，保障经济社会健康发展的客观需要。

但是，我们在强调城市灾害风险防范的同时，决不能忽视农村的灾害风险管理。近些年来，由于改革开放的强劲推动，我国一些农村地区经济社会发展的步伐大大加快，社会财富在农村的积累也呈现出加速趋势，因此，对现在农村地区灾害造成的人员伤亡和经济损失，再不能用老眼光加以分析。此外，2003年岁末发生在伊朗巴姆地区（该地区的建筑与我国农村十分相近）的强烈地震造成的巨大人员伤亡，也给我们一个重要启示，加强农村地区灾害防御已是刻不容缓的任务。从危害我们国家的主要灾害和这些灾害造成人员伤亡和经济损失的主要对象看，我们有必要认真反思长期以来形成的、不无偏颇的关于农村灾害风险管理的思维定势：

反思之一：我们国家主要自然灾害打击的对象主要是农村。我国每年都要发生的自然灾害，如水旱灾害、滑坡、泥石流灾害、飓风灾害、农作物病虫鼠害、森林火灾、人畜重大传染性疾病等，其危害对象主要是农村，这些灾害造成的损失也主要分布在农业方面，因此说，我国农村地区灾害风险防范任务并不比城市轻松。

反思之二：我国农村地区的灾害防御能力极差。尽管频频遭遇各种自然灾害的打击，但我国农村的灾害防御体系却一直未能有效构建起来。一旦遭遇灾害袭击，农村的损失十分严重。此外，由于农村交通、通讯、物资储备、救援力量等方面的不足，常常会延误灾后的救援行动，这在客观上加大了灾害损失，给农村地区经济社会发展造成极大影响。

反思之三：农村居民的灾害防御意识和应急避险技能偏低。我国农村居民整体文化素质偏低，有关灾害和灾害应急避险知识教育并没有得到应有的重视，造成农村居民的灾害防御能力和应急避险知识欠缺。一旦遭遇突发性灾害，很可能会因此引发衍生灾害，加大不必要的损失，延长灾后恢复重建的时间，这也是农村灾害防御面临的突出问题。

反思之四：国家对农村灾害防御的投入严重不足，这既表现在各种防御灾害风险的硬件设施上，也表现在防灾减灾制度建设、政策支持、教育培训和能力培养等软件建设上，这也极大地弱化了农村地区的灾害防御能力，反过来进一步加大了灾害对农村经济社会健康发展的破坏力。

上述情况表明，一方面农村是主要自然灾害的承载体，另一方面是农村的灾害防御能力比实际需要要差得多，两种因素叠加在一起，更加重了农村地区灾害风险管理的紧迫需要，要求人们必须转变对农村灾害防御认识的误区，高度重视农村的灾害防御问题。

2 新农村建设面临严重的灾害风险威胁

在新农村建设中，如果仍然忽视灾害风险的威胁，对农村安全问题不能予以充分重视，不仅会延误社会主义新农村建设的步伐，而且有可能使广大农民辛勤劳动的成果毁于一旦。因此，对于农村的灾害风险问题必须引起高度关注。

当前，我国农村地区面临的灾害风险主要有：①自然灾害风险，包括地质灾害、地震灾害、水旱灾害、气象灾害、森林草原火灾、农作物病虫鼠害等；②事故灾难，如重大工业意外事故、严重环境污染、生态破坏等；③公共卫生事件，如重大传染病疫情、群体性不明原因疾病、群体性食物中毒和工业性中毒事件等；④公共安全事件，包括重大刑事案件、恐怖袭击事件、重大群体性上访事件等。具体而言，当前我国农村的灾害风险具有以下特点。

一是自然灾害事件频繁发生。由于特有的地质构造条件和地理位置，我国广大农村地区每年都要遭受各种自然灾害的打击。据统计，我国每年洪涝灾害受灾面积为1000多万公顷，成灾面积在500万公顷以上；干旱灾害受灾面积为2000多万公顷，成灾面积1000万公顷；水土流失面积达367万平方公里，占国土面积的38%；土地荒漠化面积已达260万平方公里，且每年以2460平方公里的速度在扩展。每年土地沙漠化损失约达2000多亿元。仅2006年，我国农村地区因各种自然灾害打击，致使农作物受灾面积近3600万公顷，绝收面积440多万公顷。据《农民日报》报道，2006年1～8月，全国因各种自然灾害损失粮食810多亿斤；死亡家畜127万头、家禽2100多万只，倒塌畜禽圈舍570多万平方米；损失水产品120多万吨，因灾农业直接经济损失近1000亿元，农民人均损失超过100元。另据中国工程院院士李泽椿分析（2007年），我国每年因各种气象灾害造成农业受灾面积5000万公顷，直接经济损失占GDP的1%～3%。

二是事故灾难损失严重。近几年，全国每年发生的各类事故造成约12万人死亡，70多万人受伤。直接和间接经济损失2500亿元。这里需要指出的是，全国每年发生的各类事故灾难，如煤矿安全事故、建筑工程安全事故等的大部分受害者是农民工，因此，各种事故灾难对农村的危害同样是非常严重的。2003年12月23日，重庆开县发生油田特大井喷事故，波及周围大片农村地区，造成243人中毒身亡，2142人住院治疗，65000人被紧急疏散，直接经济损失高达6400余万元。

三是公共卫生事件危害生命安全。近年来，突发公共卫生事件严重威胁着人民群众的生命和健康。多种传染病尚未得到有效遏制。全国艾滋病病毒感染者达84万；活动性肺结核患者450万，每年死亡13万；慢性病毒性乙性肝炎患者2000万；特别是434个县仍有血吸虫疫情，使6500万人受到威胁，患者84万。2003年“非典”和2004年初高致病性禽流感的爆发，都给农村社会经济和农民生命财产造成严重损失。据统计，“非典”导致农产品出口减少53.8亿元，农村居民纯收入减少96.9亿元。高致病性禽流感爆发期间，不仅宰杀了大批家禽，而且疫区在一定时期内不能继续饲养，给家禽养殖业造成致命性打击，极大地影响了农村地区经济社会的健康发展。

四是公共安全事件不容忽视。当前，农村的公共安全事件主要是群体性突发事件，如聚众请愿、上访、集众械斗、堵塞交通、冲击党政机关等，这些事件多是因农村区域内社会矛盾和利益冲突发展到一定程度而导致的。公共安全事件对农村的社会经济生活构成极大的干扰作用，一是扰乱正常的生产、生活秩序，致使当地政府无法正常开展工作；二是加剧群众与政府的矛盾，严重者甚至酿成冲击党政机关的社会安全事件；三是产生消极的社会心理影响，导致农业生产的衰败和经济损失。

3　农村面临严重灾害风险形势原因分析

灾害是由自然因素和人为因素叠加作用而造成的，给人民生命、财产造成巨大破坏的社会性事件。包括自然灾害在内的任何灾害，其所以能够造成生命和财产的巨大破坏，其中都存在人为因素的促进作用。从这个意义上讲，当前，我国农村面临严重灾害风险形势的主要原因是：

3.1 公共安全制度供给严重缺位

追求平安，享受太平是中国农民千百年来的期盼。但有效的农村公共安全体系，是需要科学的制度设计来保证的。长时间以来，我国农村公共安全体系建设的制度供给一直严重缺位，其表现：一是农村基层单位（乡、村组织）一直没有建立应对突发灾害的管理组织，对灾害防御基本上处于无人负责、无人管理的状态；二是没有应对灾害的预案和计划，处置突发灾害多是临时应付，缺乏科学、有效的防灾减灾和救灾措施；三是适合农村基层组织的防灾减灾管理制度，包括灾害监测、预警、响应及救援等方面，基本上处于缺位状态，公共安全管理的制度体系尚未真正建立起来。

3.2 公共安全产品供应严重不足

从公共管理的角度来说，农村的生态环境保护、安全基础设施建设、公共卫生管理、江河防汛设施建设、安全生产事故预防等，都属于公共产品和准公共产品，政府应是这些产品的主要供应者。但目前的情况是，农村公共产品供应严重不足。首先，建国以来，政府提供的公共产品主要是满足城镇居民的需求，8 亿农民无法充分享受财政提供的公共产品。截至 2003 年底，农村养老保险制度只有 5428 万人参保，积累基金 259 亿元，仅有 198 万农民能够领取养老金。2002 年开始建立以大病统筹为主的新型农村合作医疗制度，截至 2004 年 6 月，仅覆盖9504万农业人口，实际参加人数仅6899万人，共筹集资金30.2亿元，对于8亿农村居民来说差距甚大。其次，农村公共产品供需缺口日渐突出。据国家环保总局公布的资料显示，我国农村还有3亿多人喝不上干净的水，每年有112亿吨生活垃圾露天堆放，农村环保设施几乎为零。建设部2005年对全国9省3县74个村做了调查，发现90%的村庄没有任何消防设施，公共安全面临诸多潜在隐患。第三是目前农村以户为单位的分散经营体制，经常导致集体性公共安全设施建设与农户之间有偿劳动形式发生矛盾，影响农民对安全减灾投入的积极性，同时由于乡村集体积累不断下降，使得承担农村减灾工程建设和维护的乡村集体在投入上力不从心，也造成农村灾害风险管理能力持续下降。

3.3 灾害风险规避机制严重短缺

在人类现有的科技手段和体制力量不能完全阻止灾害发生的情况下，建立有效的灾害风险规避机制（如开展灾害保险等），努力降低灾害风险及其损失，是世界各国普遍采用的行之有效的灾害防御手段，但我国目前在这方面的工作尚存在很大的差距。在欧美等发达国家，目前灾害补偿的总额中，保险赔付的比例已近30%左右，我们国家保险赔付在灾害补偿的份额中却只有1%～2%。2003年农业保险保费收入4.6亿元，仅占财产险保费收入的0.5%。1998年长江、松花江南北大洪水直接经济损失2484亿元，保险赔偿仅30亿元，灾害的补偿作用微乎其微，而用于农村灾后赔付补偿更是杯水车薪。2003年重庆开县井喷事故造成直接经济损失6400余万元，而保险赔付仅20多万元。目前，农村灾害风险规避机制的严重短缺，已经成为提高农村灾害风险防范能力的极大障碍。

3.4　农民灾害风险意识薄弱

长期以来，由于经济不发达和文化素质偏低，加之安全教育不普及，导致很多农民风险意识和安全意识低下，致使农村每年都有大量公共安全事件发生。据公安部消防局统计，2005年我国农村共发生火灾86538起，死亡1593人，受伤1340人，直接财产损失52210万元，其中火灾起数和死亡人数分别占调查火灾总数的61.19%和64.12%。尤其值得注意的是，在农村火灾事故中，相当一部分是因个别农民乱拉电线、乱扔烟头造成的，农民灾害风险意识薄弱已经成为农村公共安全的严重隐患。此外，农村居民安全消费意识也很薄弱，据商务部调查，现有43.17%农村消费者购买食品时首选价格便宜，在遇到食品安全问题时，农民的投诉率也很低，致使一些“三无”食品、过期不合格食品、被城市市场拒之门外的食品，经常被转移到农村市场，因而民间有一个形象比喻：戏称农民消费者为“消废”者。

3.5　农民缺少参与公共安全建设的经济能力

从总体上讲，目前我国农村居民的收入水平尚缺乏参与公共安全建设的经济能力。据《经济日报》2007年10月17日报道，2006年我国农村居民人均纯收入3587元，人均生活消费支出2829元，加上必要的生产性支出，农村居民的剩余收入基本上无力参与公共安全建设。此外，据国家统计局对全国31个省（区、市）6.8万个农村住户的抽样调查显示，截至到2006年末，我国农村绝对贫困人口与低收入人口合计为5698万人，这部分尚需社会救助的农民更无力顾及公共安全建设，因此，政府加大农村公共安全建设的投入是加强农村抵御灾害风险能力的关键所在。

4 加强农村灾害风险管理几点建议

在推进我国社会主义新农村建设中，怎样把广大农民千百年来对平安与和谐的个人诉求，建设成社会性的公共安全管理体系，这将是构建和谐新农村的重大战略任务。我们在黑龙江、江西等省进行调研的基础上，就加强农村灾害风险管理提出如下一些建议：

4.1 切实提高对加强农村地区灾害风险管理紧迫性和重要性的认识

在农村经济社会不断发展的进程中，各种各样的灾害风险也在农村社会不断积累，对农村经济社会的发展构成日益严重的威胁。一方面要认识农村灾害风险危害的严重性，认识到农村的灾害风险、可能造成的损失、救援的难度、防灾能力的不足等并不亚于城市；另一方面更要认识到农村灾害防御水平、农村公共安全管理方面的巨大差距。要通过积极开展防范灾害风险的教育活动，全面提高全社会对加强农村灾害风险防御重要性的认识。

4.2 切实加大对农村公共安全的投入

鉴于我国农村公共安全体系建设的制度供给长期严重缺位，从根本上扭转这一状况，必须加大农村公共安全管理的制度供给，加强灾害风险管理体制建设、法规条例建设、组织体系建设、灾害救援队伍的建设，狠抓管理职责的落实。应当积极借鉴一些地区近期开展的农村社区公共服务体系建设的经验，将公共安全纳入农村社区公共服务体系，为农民群众提供公共安全信息、防灾减灾知识、应急避险技能等方面的服务，不断提高农村居民抵御灾害风险的能力。同时，要加大农村公共安全产品的供应，通过增加政府的投入，建立多元化的防灾减灾投入机制，加大对大江大河、生态环境、安全生产等的投入，并鼓励乡村政府和富裕农户加大预防灾害风险的投入，构建起全方位的防灾减灾立体性投入体系。

4.3 加快建立农村灾害风险应急预案体系

“凡事预则立，不预则废”。应当针对农村当地的自然环境和灾害风险特征，构建起适合当地特点的乡村级灾害风险应急预案体系。具体来讲，包括乡村政府组织应对灾害的总体预案，应对区域性强势灾害的专项预案，以及应对农业生产性灾害的特殊预案等。通过编发农民喜闻乐见的普及性灾害应急预案读本，进行广泛的宣传教育，积极组织农民进行有针对性的、简便易行的应急预案演练，不断增强农民群众的灾害防御意识和应急避险技能，全面提高广大农民应对和处置突发灾害事件的能力水平。

4.4 建立适合农村特点及经济发展水平的灾害应急资源储备体系

根据各地农村经济社会发展水平以及可能遭遇的灾害种类和损失特征，以乡村两级组织为依托，积极筹备建立适合当地灾害防御需求的灾害应急资源储备体系。中央及地方政府都应重视和积极推进此项工作。农村灾害应急资源储备内容包括：科技资源储备、信息资源储备、物质资源储备、人力资源储备等。在农村应急资源储备体系的建设中，原则上应当量力而行、因地制宜，通过投资主体多元化，投资方式多元化，储备方式多元化等，逐步建立起初级的农村灾害应急资源储备体系，为强化农村灾害风险管理奠定物质基础。

4.5 建立农村灾害风险信息网络系统

有效的灾害风险信息传递机制，是成功组织防灾减灾工作的关键环节。为此，必须建立起适合农村特点的灾害风险信息报告制度，以便于相关部门获取包括农村社会状况信息、灾情信息、预报信息等真实的信息；其次，要建立起科学的灾害信息的发布制度，对信息的发布人、发布权限、发布时间、发布机制等做出明确的规定，规范灾害信息发布制度和程序；第三，要建立起有效的信息沟通制度，实现农民之间沟通、农民与政府沟通、与媒体沟通的畅通无阻，用公开、透明的灾害风险信息吸引农民积极参与公共安全管理。

4.6 积极推进农村灾害保险

通过积极推进农村灾害保险促进农村地区灾害风险规避机制的形成。要通过广泛的宣传与示范作用，强化农民的灾害保险意识，并通过积极开发农村灾害保险新品种，扩大农村灾害保险覆盖面，辅之以适当的政策支持，进一步强化农村的灾害风险保险工作，借助于保险的力量来达到分散农村灾害风险、分摊损失的目的，从而减轻农民的灾害损失。

参考文献

王权典．论环境安全视角下的我国灾害防治法制建设［J］．自然灾害学报，2003，（03）

新华网 2007 年 9 月 1 日．我国因气象灾害造成直接经济损失占 GDP1% ~3%．新华网，

http：//news. xinhuanet. com/newscenter/2007 -09/01/content_ 6644580. htm
李燕凌，周先进，周长青．对农村社会公共危机主要表现形式的研究［J］．农业经济，2005，（02）
张宏，唐君燕．安信破题农业险．经济观察报，2004 -03 -07
唐运祥．发挥保险业的应急管理功能，人民日报，2006 -08 -07 第14 版
李燕凌，陈冬林，周长青．农村公共危机的经济学研究及管理机制建设．江西农业大学学报，2004 -03
回良玉．做好灾害管理工作，保障社会经济持续稳定健康发展［C］．李学举．灾害应急管理：中国社会出版社．2005.
张蕴岭．综合安全观及对我国安全的思考［J］．当代亚太论坛，2000，（01）：6 ~16.
Walter J. Ammann，Stefanie Dannenmann，Laurent Vuliet. Coping With Risks Due To Natural Hazards in the 21st Century：Risk 21 ［J］. Proceedings of the Risk 21 Workshop，28 November -3 December 2004.
Okada N，Amendola A. Research challenges for integrated disaster risk management ［R］. Presentation to the First Annual IIASA - DPR IMmeeting on Integrated Disaster Risk Management：Reducing Socio - Economic Vulnerability，at IIASA，Laxenburg，Austria（Aug 1 ~4，2001），2001.

关于创建奥运安全社区的建议

北京市政协委员
民盟北京市妇女委员会主任 王姮隽

前　言

“平安奥运”是每一位中国人共同的心声。民盟北京市委围绕“平安奥运”这一热点问题，成立了“创建奥运安全社区”课题组。课题组成员深入朝阳区亚运村街道，参与了亚运村安全社区的策划、运作、宣传品制作、阶段性总结等工作；重点分析了正在进行安全社区创建过程中的朝阳区望京街道；赴香港葵青安全社区实地考察；赴天津南开区、和平区、塘沽区考察了社区服务情况；与东城区景山东法律社区相关人员进行了座谈；在全市发放1000份调查问卷；专门听取了奥组委安全保卫部（即市公安局奥运安保办公室）、市公安局人口管理处对创建奥运安全社区的意见和建议；中国职业安全健康协会对本文给予了重要指导。通过汇总各方建议以及文献分析、对调查问卷进行的统计分析，现将我们的思考作如下阐述。

1　理论综述

2004年10月26日上午，北京拉开创建“安全社区”的帷幕，此举标志着北京进入了一个新的城市管理时代。与国际接轨，用国际通行的“安全”规范我们的管理理念，又在此基础上，结合北京的城市发展实际，创新、求索，创造出一套符合北京市情的新的城市管理模式。“安全社区”在北京的引入，是建设“奥运安全社区”的基础，而“奥运安全社区”的建立，是成功举办2008年北京奥运会的重要保证。

1.1　奥运安全社区的概念

所谓奥运安全社区，是以奥运为契机，在创建“安全社区”的基础上，构建面向社区层面的防灾减灾工作体系和应急管理体系。理想的奥运安全社区应符合如下标准：

（1）符合世界卫生组织对“安全社区”的要求；

（2）社区居民、社会单位有为保障奥运安全做一些力所能及工作的意识；

（3）有针对奥运需求的一套防灾减灾工作体系和应急管理体系；

（4）比一般社区更低的“案件发生率”标准；

（5）有比一般社区更和谐的生活、工作氛围（如买菜、就医、就业、停车、绿化等问题解决得比较好）。

奥运安全社区是现代安全管理方法和国际规范在我国社区管理中综合运用的体现，也是完善传统社区安全管理，实现现代化安全社区的质的飞跃。

1.2 安全社区的概念

安全社区的概念首次是在1989年世界卫生组织（WHO）第一届世界意外事故与伤害预防大会上提出来的。在这次会议上，来自世界50多个国家的500多名代表，商讨重大创伤及意外事故问题。会上通过了《安全社区宣言》。《宣言》指出：任何人都享有健康和安全之权利。从此，推广安全社区概念就成为世界卫生组织在推广健康和安全方面的一个重点工作。根据世界卫生组织关于安全社区的概念，一个安全社区首先是一个地方社区，这个地方社区至少应该具备两个条件：一是根据环境和条件，针对所有居民制定积极的安全预防方案；二是拥有包括当地政府、工商企业、消防机构、医疗卫生服务机构、志愿者组织和社区在内的共同参与的工作网络，网络中各个组织之间紧密联系，充分运用各自的资源为社区安全服务。根据这一概念，安全社区并非仅仅以社区的安全状况为评判指标，而是指一个社区是否建立了一套完善的程序和框架，使之有能力去完成安全目标。安全社区的核心理念，在于建立社区安全文化。该项目是一项全方位的安全促进活动，涉及的领域包括交通事故、火灾、爆炸、跌伤、溺水、自杀、中毒、家庭暴力以及烧、烫、冻伤等，需要社会多部门的跨界合作。国外的成功经验证明，一个成功的安全社区，推广对象涵盖社区内所有人士，需要政府部门、企事业单位、社团等各类组织紧密联系，运用各自的资源和服务，让居民无论是在工作场所，还是在家居、娱乐、运动、医院、学校等场所，都能保证安全和健康，最大限度地降低职业伤害、日常生活中的伤害甚至暴力及自杀等各种意外事件的伤害。

按照世界卫生组织认可的标准，安全社区需具备6个基本准则或称六大指标：

（1）成立一个负责预防伤害发生的跨领域的组织，统筹区内的安全促进工作

通常由职业安全健康、社区行政管理、民政事务、劳动和社会保障、消防、公安、交通、教育、医院、房管、企业等部门联合组成；设领导小组和工作委员会，并视实际情况设职业安全健康、电力、学生安全、道路安全、伤害统计分析等工作组。

（2）长期、持续地执行各项推广项目，并能涵盖所有性别、年龄层、环境和情况

如推行健康教育、居民安全意识教育、推广道路安全、改善居住环境条件、灾害预防常识、驾驶员安全培训、火灾预警系统、应急演习、消防安全讲座、用电安全讲座、安全知识竞赛、各种宣传活动等。

（3）关注高风险人士、高风险环境以及弱势群体的安全问题，制定相关安全计划

如儿童家居安全计划、老年人安全计划，包括建立敬老院、康复中心、家庭诊所、紧急救助系统、家居安全环境改善、家庭设施安全化等。

（4）能提供伤害发生情况和原因的记录

如在医院建立创伤性伤害信息记录系统、伤患者档案、意外伤害记录及追踪分析系统，包括袭击、虐待、交通意外、工伤、职业性伤害、居家意外、运动伤害、摔倒等。

（5）设立适当指标，对计划内容执行过程及项目效果和影响进行评价

根据各种统计数字的比较，分析计划实施的效果。如刑事发案率、未成年罪犯下降情况、交通意外情况、用药错误情

况、生产安全情况等。针对所表现出来的问题，制定相应的对策。

（6）积极参与地区性及国际性安全健康网络的经验交流

通过交流，取长补短，促进本社区安全健康工作的发展。按照世界卫生组织的要求，通过认证的社区，如果不参与此类活动，将会被撤销“安全社区”的资格。

2 现状分析

2.1 朝阳区创建安全社区的经验对建设“奥运安全社区”的借鉴意义

2004年6月25日，吉林副市长在全国“安全社区”创建研讨会上要求，朝阳、东城、西城要率先开展“安全社区”创建试点工作，自此，朝阳的“安全社区”创建工作正式启动。

朝阳区作为首都城市功能拓展区，承担着“发展、服务、展示、保障”的功能，面临着承办一届“有特色、高水平”奥运会的任务。按照世界卫生组织推广的“安全社区”创建的八个基本步骤，朝阳区在推进“安全社区”创建的具体实践中，立足完善基层基础工作，建立健全城市管理长效机制，制定实施了街道系统开展创建“安全社区”的工作计划，提出了建立事故预案、预警机制及紧急救援体系，努力实现“一个确保”（确保社会稳定）、“两个减少”（减少事故发生、减少人员伤害）、“三个提高”（提高社区全体人员的安全素质、提高处理突发事件的能力、提高城市管理和社区建设水平）的工作目标。成立了由区四套班子部分领导成员组成的区“安全社区”创建推进委员会（下设“安全社区”创建组、安全文化教育推广组、社会稳定组、消防安全组、居家安全组、卫生健康安全组、生产安全组、环境安全组、道路安全组、考核监察组、考察接待组和专家顾问组等12个工作组），并在遵照世界卫生组织“五有一参与”工作标准的前提下，紧密结合区情实际，提出了朝阳区创建“安全社区”的“六有一参与”标准，即有一个负责安全促进的跨部门合作的组织机构；有长期、持续，能覆盖不同性别、年龄的人员和各种环境及状况的伤害预防计划；有提高高风险人员、高风险环境以及其他脆弱群体安全水平的预防项目和提高全体社区成员安全意识和自救能力的活动；有记录伤害发生频率及其原因的制度；有评估安全促进项目、工作过程、变化效果的评价方法；政府有稳定、适当的资金投入；积极参与本地区和国际“安全社区”网络的有关活动。

从朝阳区“安全社区”创建工作的思路和方法来看，对在全市创建“奥运安全社区”有如下借鉴意义。

（1）突出以人为本，将国际化标准与区域特色相结合，走出一条能为本地居民所接受的、乐于参与的创建之路，使“人文奥运”理念进一步深入人心。

（2）广泛发动社会各界力量，实现资源共享，将创建“奥运安全社区”工作作为提升政府城市管理水平、促进社区建设工作的一个重要抓手。

（3）采用精细化管理方式，分阶段创建“奥运安全社区”。

（4）以点带面，全面推广朝阳区先进经验，统筹全市创建安全社区步伐，均衡发展。

2.2 调查问卷分析

我们在朝阳区、海淀区、丰台区、石景山区、东城区、西城区、宣武区、崇文区等八个城区发放了调查问卷共1000份，回收问卷940份，回收率为94%，剔除不合格答卷，有效问卷为93.72%。

2.2.1 对公众了解“安全”问题的信息渠道分析

（1）安全教育迫在眉睫。公众在接受安全教育的途径方面，更多的人选择了媒体，其中选择电视或广播者占67.42%，选择报纸者占56.75%，而选择社区组织的教育途径只有41.09%。完全没有接受过安全教育者只占3.97%。上述数据表明，安全教育通过各种宣传途径，在公众中已经有了很大范围的影响，这是个非常好的态势，但也应该看到，大部分人选择了媒体作为接受安全教育的途径，这是一种声势虽然很大但不系统、不连贯的教育方式，很少会有人会像看电视连续剧那样跟踪媒体的安全宣传。因此，应该让社区安全教育成为宣传的主体，而41.09%的数据显然说明了社区安全教育在组织上和宣传力度上还有待加强和提高。

（2）安全知识需要细分。公众在接受安全知识教育的内容方面，食品安全（80.48%）、疾病传染（68.1%）、交通（63.79%）、用电安全（61.52%）排在前列，而消防、劳动安全、有毒气体安全等问题则相对排序靠后。这一组数据反映了公众对威胁自身生命安全的问题已经相当警觉，这也与媒体对食品安全、疾病传染、交通的事件报道力度相关。但是对来自职业安全、自然灾害等方面的了解则不多，这是应该引起注意的问题。事实上，职业安全是上班族不可忽视的重要内容，而很多人对自己工作场所的安全，所从事工作的安全，经常缺乏必要的相关知识，以至危险来临促不及防，错过避险的良机。其次，公众对自然灾害知识的缺乏，也许和“听天由命”的心理相关，但政府相关部门在自然灾害宣传方面力度还不够。在我们这个周边地震频发地带、气候恶劣多变的城市，加强对自然灾害危害程度的宣传，提高公众灾害应对能力，将有助于政府管理城市的效率。

（3）安全设施需家喻户晓。公众在了解居家附近紧急避难所的情况方面，只有 37.23% 的公众居家附近有紧急避难所，但其中有 16.46% 的人不知道具体的位置，而其他回答分别是虽然知道有紧急避难所，不知道是否有紧急避难所的人达到 46.99%，还有 14.98% 的公众居家周围没有紧急避难所。

由此可见，一方面，紧急避难所的数量还需要扩大，使之能覆盖更多的公众；另一方面，对已经建成的紧急避难所，需要通过媒体和社区向公众进行宣传，做到家喻户晓。

（4）社区治安影响公众的“安全感”。公众在对当前居住社区社会治安环境的总体感受方面，回答很有安全感的人只占 6.81%，但大部分人对安全感问题还比较满意，他们认为社区存在的最主要安全隐患是社会治安（62.43%），而且，公众在看到“安全社区”时，有 71.06% 的人首先与“社区治安”联系起来。

虽然公安部门在维护社会治安、降低案件发生率方面已经采取了种种重要举措，而且成效显著。但是“安全感”是和个人的期望值相关的心理体验，即便其所在地区社会治安状况已经明显好转，但心理恢复期还有一个滞后的过程。

这一问题也可验证库兹涅兹倒 U 字型法则，当人均 GDP 达到 1000 美元后，社会贫富差距最大的时期就会到来。根据国家统计局 2002 年的抽样调查显示，我国 20% 最高收入家庭与20%最低收入家庭的差距是15倍。而在西方发达国家，最富裕的20%人口的财富一般是最贫困的20%人口的6~7倍，在美国为10倍。贫富差距的拉大，往往带来社会治安的不稳定。调查显示，只有35.30%的人认为社区物业管理公司的治安防范工作如值班、守护、巡逻到位，认真负责，这是值得我们深思的问题。社会治安状况不佳，物业公司作为社区的管家而言，更应该多尽责尽力，但从调查数据来看，物业公司管理不到位现象还比较突出，对这个行业的行风整顿势在必行。

（5）应急救助观念陈旧。公众在遇到意外情况时，除了拨打专业急救电话外，第一个想到的求助者是亲友，有42.45%的人选择了该项。只有19.75%的人选择了社区居委员。此外在了解“哪些求助电话号码”方面，公众对辖区民警电话的了解率只有22.81%，对社区服务电话的了解率为17.48%。可以看到，中国社会的特有的文化因素对人们的行为方式的影响是根深蒂固的，人们仍然保持着熟人社会的一套行为准则，相信地缘、血缘关系。社会服务的专业化和社会化程度还都有待于加强。社区居委会作为群众自治组织，显然在关注和服务于社区居民生活的力度上是不够的。社区本应成为“守望相助”的温馨之所，但公众对社区居委会的依赖和信任感显然远未建立起来，这是社区建设在向纵深发展的时期，需要着力解决的深层次问题。

（6）居家与职场安全双保险。公众认为在居家和工作场所都要注意安全，而且在这两个场所，他们都倾向于要注意用电安全和火灾。在公共场所，人们选择要着重注意的安全排在前三位的依次是火灾、传染病和食物中毒。对孩子的安全隐患问题，有75.82%的人选择了“食品卫生”，对老人的安全隐患问题，有60.39%的人选择了“突发疾病”。有49.72%的人认为“居家”是最容易忽视安全的地方，有39.73%的人认为“交通要塞”是“最容易发生安全问题”的地方。有77.98%的人认为“交通事故”是最容易发生的安全问题。其次是社会治安和食品安全。

(7) 参与危机管理意愿强烈。公众认为可以增加安全感的方法，有79.34%选择“加强治安巡逻”，有75.60%选择“保持对犯罪的严打”，有63.11%的人选择“加强技术防范”，我们还欣喜地看到，有76.05%的人愿意为“提高所住居民楼的治安防范出资”。由此可见，公众对自身安危的关注，这样的热情，政府可以将其引导，最终化为一种群防群控的力量，这将有助于提升政府城市管理水平。

(8) 加强社区安全教育。在减低事故发生率或降低危害程度的有力措施中，有62.09%的人认为“社区安全教育”是首选。社区教育是社区建设的重要组成部分，因此，在社区开展安全教育，既是社区建设的内容，也是创建安全社区的重要途径。

2.2.2 对公众了解“奥运安全社区”问题的信息分析

(1) 公众渴望奥运安全社区。关于公众对奥运安全社区的理解，有34.51%的人联想到社区安全，有30.42%的人联想到国家安全。有78.77%的人希望自己的社区成为“奥运安全社区”。从这一组数据中，我们认为，北京市委市政府为成功办好一届有特色的2008年奥运会，来自于公众的积极配合是不可或缺的力量，正是这种发自民间的动力，才能够与政府的号召有效呼应。因此，如何爱护、引导这股力量投入到“奥运安全社区”的建设中来，需要政府制定有效的政策和方法，趁热打铁。

(2) 人文素质是关键。公众认为，“奥运安全社区”除了具有一般安全社区的内涵外，还需要具备一些特殊要素：如72.19%的人选择了“社区居民素质”，61.98%的人选择了“社区文化”，60.27%的人选择了“社区配套设施”。由此可见，去年在全市范围内开展的“人文奥运进社区”工作已经收到了很好的成效，公众已经在意识上认识到“社区居民素质”、“社区文化”这种“人文”因素，在创建“奥运安全社区”中的特殊意涵。这也开始凸现政府的良苦用心——在成功举办2008年北京奥运会后，给北京带来最大的利益——北京市民的人文素养得到很大的提升。可以预言，人的素质的提高，必将带动所在区域政治、经济、文化、社会生活的极大发展，我们会看到奥运会后的北京，将会慢慢呈现整体良性循环的态势。

（3）建设力量应多元化。公众认为，建设奥运安全社区的主要力量分别是政府（选择比例为73.89%）、社区居民（选择比例为61.41%）、社区社会单位（选择比例为55.28%）、志愿者（选择比例为42.45%）。从上述选择中，公众对政府的信任和依赖程度较高，反映了老百姓的自治意识还有待提升，主体意识还有待加强。但从另外一方面也说明，在转型社会条件下，政府和单位行为确实也是提升效率的有效保证，如何在“小政府、大社会”的理念下，逐步培养公民意识、培养公众自治意识，也是政府的责任，如果公民自我意识不能觉醒，则“小政府、大社会”的理想也不可能实现。所以，以创建“奥运安全社区”为契机，调动公众参与积极性，也是培养公民自治意识的有效途径。

（4）应对突发事件意识渐强。有56.64%的人认为“奥运安全社区”概念需要单立，并且有77.53%的人认为需要建立“奥运安全预警机制”。对于如何建立“奥运社区安全预警机制”，按照选择人数排列，依次需要从下列几个主要方面来着手：

①成立专门机构（选择人数比例为66.86%）

②定期排查安全隐患（选择人数比例为54.60%）

③组织专业人员志愿者队伍（选择人数比例为48.58%）

④建立常驻人口档案（选择人数比例为33.03%）

⑤发放社区安全手册（选择人数比例为30.42%）

据此分析，经历过“非典”、“禽流感”等疾病的考验，公众对如何应对突发事件的认识已经有了很大的提高，这是可喜的进步。此外，公众对志愿者的角色期待，反证近年来政府对志愿者的培养工作成效显著，志愿者的公益精神，在公众心中已经播撒下“善”的种子，将会吸引更多的人参与到公益事业中来，为全社会营造良好的道德氛围将大有裨益。

（5）民族精神植根于老百姓心中。有66.63%的人认为“奥运安全社区”需要分阶段建设，有66.63%的人选择要在奥运前建设“奥运安全社区”，在此阶段，有66.63%的首选“社区治安”作为建设“奥运安全社区”的重要内容。在“奥运期间”，有62.54%的人选择最重要的内容是“国家安全”，在“奥运结束后”，有59.14%的人又选择了“社区治安”作为建设“奥运安全社区”的首要内容。

由此看来，公众对于国家与个人的关系区分得是比较清楚的，也可以看到，全社会大部分民众对“国家利益高于一切”还是有共识的。中华民族精神对于公众的凝聚力不可小视。对“当前中国人素质低下”的论断还要慎下，部分人的负面表现不能代表大多数人，不可犯以偏概全的错误，同时对部分人的负面表现也要具体问题具体分析，有些可能是知识的缺乏，有些可能有深层次原因。总体来看，中国人在维护国家利益时所表现出来的民族精神还是值得称道的，并且这种精神，可以正向引导到国家建设中来。

（6）“单位人”更需提高安全意识。有78.21%的人认为应该进行奥运安全社区的知识培训，有71.96%的人选择要对社区居民进行培训，有56.53%的人选择要对政府官员进行培训，有49.15%的人选择要对社会单位职工进行培训，此外，还有45.40%的人选择要对建筑工地工人进行培训。这和上述“建设奥运安全社区”主要靠政府和社会单位的力量的选择是相吻合的。政府人员和社会企事业单位人员对安全知识的熟悉程度，将直接影响到建设“奥运安全社区”的成效，因此，公众对官员和“单位人”的“安全知识”有了更多的期待也就在情理之中。

3 创建奥运安全社区的建议

结合实地调研和问卷分析，我们认为，创建奥运安全社区和人文奥运进社区一样，是社区建设的又一重要内容。是2008年北京奥运会的需要，更是奥运会结束后，北京对国际奥林匹克运动的又一重大贡献。它将向世界彰显在一个国际风云变幻、突发事件无规律可寻的大背景下，北京通过创建奥运安全社区，最终实现了城市的动态管理理念，这个理念，既符合世界卫生组织创建安全社区工作的方针，同时也具有浓郁东方思维的中国特色，即：“安”是“和谐”的体现，是老子所言的“太上者，不知有之”。

因此，我们建议：

3.1 创建奥运安全社区，是落实《中共北京市委北京市人民政府关于建设和谐社区和谐村镇的若干意见》的重要抓手

按照《中共北京市委北京市人民政府关于建设和谐社区和谐村镇的若干意见》，“社区、村镇是社会的细胞与基础，是社会建设与管理的重心。构建社会主义和谐社会，要按照总体规划、全面布局、突出重点、狠抓基层的思路，加强和谐社区、和谐村镇的建设，为构建社会主义和谐社会的首善之区奠定坚实的基础”。因此，创建奥运安全社区，是整合多方力量，在社区建设已取得的成绩的基础上，为构建“首善之区”的又一有力举措。创建奥运安全社区，是2008年北京奥运会的需要、是构建社会主义和谐社会的首善之区的需要。

3.2 成立专门的“创建奥运安全社区”领导机构

建议由政府牵头，利用已经开始创建的“安全社区”人财物力，继续投入一部分专项资金，进一步整合各职能部门的力量，成立“创建奥运安全社区”领导机构。或在已有“安全社区”组织建制基础上，一套人马，两块牌子。目的是要建立运行机制、确立目标、责任细分，任务落实到人、考核不可或缺。

3.3 针对奥运前期和奥运期间的不同特点，将创建奥运安全社区分为两个时间段，分步骤、分内容建设

（1）第一阶段，即现在至2008年奥运会开幕之前。按照《人文奥运行动计划实施意见》，从现在至2008年奥运会开幕之前，此阶段正是人文奥运行动的“广泛动员、重点实

施”，“深入推进、全面落实”，“巩固提高、展示成果”之时。因此，乘着“人文奥运行动”的东风，结合市民素质提升工程，此阶段创建“奥运安全社区”的原则是：围绕奥运主题、突出创建特点、典型带动全面发展。

（2）第二阶段，即2008年北京奥运会开幕期间。根据《人文奥运行动计划实施意见》，“加强组织领导”、“完善法规政策”、“搞好宣传发动”是人文奥运的三大保障措施。我们深信，到奥运会开幕期间，社会各届力量的共同参与，已经形成人文奥运的整体合力；有关社会公共秩序等法规内容健全、广大群众遵纪守法、依法维权的法律意识明显提高；人文奥运的理念深入人心，人文奥运的各项任务已落到实处。经过奥运前对奥运安全社区的建立、培训、演练，在奥运期间，我们的一切工作将进入实战阶段。此阶段是对前期创建奥运安全社区效果的“验收”，是对奥运安全社区“执行力”的考验。此阶段的创建原则是：实战演练，及时发现问题，完善各级、各项预防和应急体系。

4 具体建议

4.1 跨界组织联动，明确参与者及其职责

国际上安全社区的成功经验表明：创建安全社区，需要当地各方共同建立跨界组织进行合作，主要包括政府部门、当地工商企业、社区公众、志愿者组织以及其他社会团体。如在一个奥运安全示范社区，方案的参与者应包括：区政府有关部门、街道办事处，社区服务中心、社区居委会、社区内和毗邻的存在隐患的企业、物业管理公司、社区内的其他机构、学

校、社团组织、中介机构；社区志愿者以及广大社区公众等。

我们建议，“以块为主”的扁平化管理模式应是奥运安全社区的管理模式。只有“以块为主”，才能契合现代危机管理注重信息、分级管理的要求，有利于将社会各方协同起来成为整体，才不会出现传统管理中的“多龙治水”的体制性弊端，将会大力提高危机管理的效率。“条块结合，以块为主”的属地化管理，辖区内所有单位不分行政隶属关系，都接受地方政府的统一安排，这样的模式职责分明、条理清晰，才能使得奥运安全社区的运行机制与社会支持机制实现“无缝对接”，大大提高各部门之间的协同程度和应急反应速度，同时也避免了许多体制方面的冲突。

只有建立和完善职责分明、分工明确的组织机构，才能保证奥运安全社区运行机制的有效实施。在这个弹性组织中，不但要明确政府和企事业单位在奥运期间各自的职责，而且要确定机构的总负责人、每一具体行动负责人的职责和权限。

4.2 积极倡导第一响应者

重大突发事故灾难发生时，第一响应者首先做出反应是至关重要的。第一响应者涉及多个方面，如：

（1）一个企业一旦发生重大安全事故，企业的应急救援队伍就是第一响应者；

（2）社区中的那些熟悉身边的危险源，掌握一定的自救互救知识和基本技能的人；

（3）平时致力于环境保护与安全的志愿者在灾害发生时，能在第一时间里发挥有效的自救与互救的作用，他们也是第一响应者。

一个地区发生重大突发事故时，当地公众不但是灾害的直接受体，同时也是抗击灾害的主体。公众在危机来临时能有足够的心理准备，克服惊慌，保持冷静，沉着应对，得益于平时的安全素质教育，也得益于在危机时挺身而出的第一响应者。很多情况下，大型灾难事故发生后，有组织的救援活动往往略滞后于陷于事故之中的人的自救和互救。因此，倡导第一响应者角色，将会减少恐慌和伤害，提高有组织救援活动的效率，大大降低事故损失。

4.3 将“奥运”元素有意识、有重点地渗透到正在进行的“安全社区”创建当中去

（1）目前正在创建的安全社区工作，是奥运安全的重要保证，但还没有针对“奥运”这一特殊时期社区应该做哪些文章上进行落实。为了使人财物力的配置达到最优，应该将“奥运”元素有意识、有重点地渗透到正在进行的“安全社区”创建当中去。

（2）选择奥运场馆周边社区，围绕奥运安全标准创建“奥运安全社区”，以示范形式向全市推广。建议选择奥运安全示范社区，标准是奥运场馆周边社区同时正在进行安全社区创建。一方面按照安全社区的规范进行建设，如统计社区内建筑工地、企事业单位伤亡事故数据；了解社区内重大危险源及危险化学物品情况，进行跟踪管理；同时监督管理社区内个体、私营、民营等无主管部门单位的安全生产状况等等。另一方面，在此社区内，落实突发事件预防机制、社区应急机制、灾后现场及人员恢复机制等内容，做到“体系健全、百姓知晓、来之能战”，使该示范社区不但具备世界卫生组织对“安全社区”的要求，而且也能满足奥运对“安全社区”的要求，通过对典型的塑造，带动全市奥运安全社区的建设。

4.4 加强宣传、强化安全社区核心理念；建立社区安全文化，提高社会预防、处理危机的意识和能力

人文奥运的主要任务之一，就是努力提升市民思想道德素质、科学文化素质和健康素质，展示中国人民文明礼貌、热情友好、奋发向上的精神风貌。社区安全文化正是符合了人文奥运的精神。只有在全社会营造安全文化的氛围，才能让全体市民对安全知识做到应知、应会，提升市民抵御风险的能力，生存质量的提高，将有助于全社会的和谐氛围的形成。目前开展的安全社区创建工作，已经为社区安全文化的建立拉开了帷幕，也为奥运安全社区的创建撒下了知性的种子。

4.4.1 宣传和教育

对于社区公众，重要的是提高知情意识和自我防范、自救意识。应针对社区内不同年龄阶层的人士推广和普及社区安全文化，增强社区安全意识，其目的是让公众参与到奥运安全社区建设中来。尤其是对诸如报警方式（如电话、警报器等）、联络方式、政府向公众报警的标准、方式、信号等，要加大宣传力度，使安全教育经常化、制度化，走进我们的国民教育体系、干部教育体系之中。

4.4.2 培训

为实施奥运安全社区方案，对跨界组织的成员和社区居民应进行必要的培训。跨界组织领导核心应制定合理、有效、可行的培训计划。如：设计总体培训计划，确定培训目标；选择培训方法，编写课程表和日程表；对跨界组织成员，重点培训他们对自己职责的了解和掌握；对社区居民，重点培训他们在日常生活中的安全常识、应急技能的应用；适时进行演习，理论与实际相联系；及时对培训效果进行评估。

4.4.3　组建"社区治安协管员"队伍

建议先在奥运安全试点社区，成立"社区治安协管员"队伍。可根据本社区的常住人口和流动人口、治安复杂程度、城市化进程程度、社区地理环境等情况，提出"社区治安协管员"队伍数量。"社区治安协管员"队伍可参照"交通协管员"队伍的编制、工资待遇等情况办理。"社区治安协管员"是社区民警的协警力量，这支队伍的成立到成熟，可以使社区治安日常管理和维护制度化、经常化，对于打击犯罪、降低"案件发生率"将起到不可估量的作用。

4.5　创建"奥运安全社区"，就是构建面向社区层面的防灾减灾工作体系和应急管理体系。即在安全社区基础上，进一步落实突发事件预防机制、建立社区应急机制、灾后现场及人员恢复机制

4.5.1　关于落实突发事件预警机制

（1）厘清2008年北京奥运会期间可能发生的危害奥运安全的突发事件类型

北京奥组委在《北京奥运行动规划——科技奥运建设专项规划》的"奥运安全"专题中明确提出了要重点开展奥运村及周边地区安全评价、安全体系及应急预案研究。我们建议，首先，安全评价工作应在交通、危险化学品、消防、建筑、燃爆危险源、电气安全等各方面全面开展工作。第二，对我市可能出现的重大公共突发事件如自然灾害、交通事故、流行疾病、食品安全、暴力犯罪、恐怖主义、体育骚乱、重大火灾、政治事件、突发群体性事件等进行分类研究。

（2）对突发群体性事件的防范

我国正处在从计划经济体制向市场经济体制转轨、从传统

农业社会向现代工业社会转型的过程中，容易出现因人民内部矛盾而引发，或因人民内部矛盾处理不当而积累、激发，由部分公众参与，有一定组织和目的的群体性事件，采取诸如群体上访、静坐请愿、阻塞交通等行为，严重时会影响社会的稳定。引起突发性群体性事件的主要原因往往涉及职工下岗、拖欠工资和养老金、城市拆迁、农村土地纠纷等。为避免此类人民内部矛盾被别有用心的人利用，在奥运期间爆发，我们认为：

第一，政府应从现在起，加大政策调整力度，采取扩大社会保障的覆盖面、实施全方位鼓励就业、提高基层干部依法行政能力、提升信访工作水平，提高包括公安在内的政府部门处理突发群体性事件的能力等手段，平息矛盾，防患于未然。

第二，以人为本，关注来京务工人员的身心健康。尤其是目前在建奥运场馆工地的建筑工人，应将他们划入所在社区统一管理，创建“奥运安全社区”应覆盖这部分人群，使之了解、掌握安全知识。他们的安全素养提高，将直接影响到奥运场馆的建筑质量；他们受尊重的程度高低，将直接转化为对这个城市所采取的态度的优劣。

第三，对奥运场馆在建工地与当地居民之间扰民和民扰问题妥善解决，杜绝新的安全隐患在此阶段孕育。

4.5.2　关于建立社区应急机制

（1）社区作为居民生活的基本单元，奥运前期及奥运期间和结束后的种种安全隐患，都会危及到社区公众的安全。尤其是奥运场馆毗邻的社区，更值得我们关注。一个城市在遭受危机侵袭时，社区居民不但是危机的直接受体，同时也是抗击危机的主体。生活在社区中的居民，对在社区周围可能产生的突发事件是非常关心的，他们也有权了解危险源的分布和潜在危险。根据上述问卷分析，公众对自身安全、对奥运安全很关注，但所掌握的安全知识相对比较缺乏；对政府、社会单位有很高的期待，但对自身作为应急主体的角色认识不足。

（2）抓住我市目前正在建设安全社区的机会，这是建立面向社区层面应急机制的有效抓手。为了确保成功举办奥运会，应从现在开始，采取有效措施预防、控制和减少城市安全事故的发生，密切关注奥运场馆周围社区的安全问题，积极倡导世界卫生组织提出的安全社区计划，结合社区特点，借鉴西方国家安全社区实施经验，选取奥运场馆周围社区作为试点，进行奥运安全社区建设。

（3）形成社会应急防护链，鼓励居民及时向政府有关部门反映可疑情况，保证社区、社会单位和政府积极有效的沟通，拓宽社会参与渠道，形成全民动员，集体参与的良性互动，形成街道、社会单位与社区的联动应急体系。

（4）建立紧急情况人员疏散系统。人员应急疏散能力是反映大型场馆安全性能的主要指标之一。奥运场馆急需人员疏散计算机模拟技术来优化其人员疏散系统的设计和使用。

利用国外先进的人员疏散模拟模型，充分认识各种模型特点，对可能影响人员疏散的各种因素的独立影响逐一进行计算机模拟，尤其应考虑中国人的心理、形体和行为特征，更好地预测其人员疏散过程。不仅奥运场馆需要这样的工作，社区公共场所，包括开放式和封闭式的空间，都急需对其人群疏散性能进行测试，健全完善紧急疏散系统。同时，场馆到社区的疏散出口、通道的设计应在考虑之中，需要从安全的角度，甚至应细化到从观赏性、流量大小等定量上做足文章。

4.5.3 关于建立灾后现场及人员心理恢复机制

在灾难发生后，对系统进行恢复，而且尽快恢复非常重要。恢复活动主要包括现场警戒和安全的维护；事故调查及对破坏损失的评估等等。危机咨询服务，是灾后心理重建工作当中非常重要的一环。重压之下，人们可能会变得暴躁、疲倦、极度亢奋、愤怒、孤僻。儿童和老人的灾后心理尤其脆弱、甚至不堪一击。及时对他们进行心理干预，可以有效缓解他们出现的焦虑、抑郁等症状和绝望、无助等心态，使他们尽早认识、接受现实，帮助幸存者最大限度利用积极应付的技能，避免采用酗酒、滥用药物等消极有害的应付方式。因此扩充灾害心理干预的专业人员队伍、强化政府和精神卫生专业人员对灾后心理干预重要性的认识、并加大危机咨询服务经费的投入等工作必将成为灾害善后的重点内容。

4.6　开展社区调研，绘制社区安全网络地图和建立安全档案信息管理系统

4.6.1　绘制社区安全网络地图

（1）地图应标明危险源以及与此毗邻的居民小区、公共设施、医院、学校、娱乐场所、交通道路、河流等；

（2）标注可供应对突发事故的各类系统及设备，以供出现紧急情况时进行调配；

（3）标注街道办事处、社区民警、社区居委会所在地；

（4）各类救援电话号码；

（5）建立电子地图和相应的信息系统等。

4.6.2　建立动态安全档案信息管理系统

（1）建立社区内安全生产基本单位详尽登记表

按照建筑、服务、机械加工或制造、餐饮等行业划分，其中重点企业、有重大危险源、危险化学物品等企业集中列出，以便加强管理。

（2）建立危险化学物品及重大危险源登记表，内容应包括单位全称、危险源所处位置、化学物品名称或物质种类、储存量或生产量，一旦发生泄漏或爆炸事故所波及的范围，最大经济损失或伤亡情况，防范措施及应急预案情况等。

（3）建立可供使用的应对紧急情况的各类系统和设备档案，并注明其所有人、所在位置及用途。例如：消防栓及监控装置、特殊防火系统、人身防护设备、控制阀、处理特殊危险的特殊装置及配件等等，这对于提高处理紧急情况速度和效率至关重要。

（4）摸清社区应急设备与设施和社区外可能的支持单位底数。对于社区范围内可用于应急救援的设施，如办公室、通讯设备、可用的危险监测设备、个体防护装备（如呼吸器、防护服等）、应急物资等；有关部门如企业、武警、消防、卫生、防疫等部门可用的应急设备等，都应该有底数，并绘制电子网络图，在紧急状态下以最快的速度得到支援解决危机。同时，对社区外可能的支持单位如有关医疗机构（急救站、医院、救护队等），要建立密切的合作伙伴关系，以备不时之需。

（5）分析评估本地现有资源，这里的资源泛指一切在突发事故中可用的或有价值的资源，包括人员、设施、仪器装备、物资及经费投入等。为了保证防范工作能够协调一致地进行，使各部门和组织间能更好的合作，为了保证可行的事故预防、应急反应和事故后恢复工作能够得到足够的资源支持，对现有资源进行分析和评估是很有必要的。尤其是对资源的追踪记录应及时反映在登记表中，实施对资源的动态管理。

（6）以医院为单位，建立流行性传染病、伤害等方面的数据库管理信息系统，统计、预测疾病信息，及时对外、对上

通报，既可以使政府及时控制传染病动态，

4.6.3　建立安全管理制度

（1）不以规矩无以成方圆，良好的制度是对行动的规范。因此应建立各级组织的安全管理制度。如：街道安全生产委员会制度、社区安全组管理制度、社区安全管理科例会制度、社区安全日常检查制度、社区安全组隐患汇报制度、社区安全生产季度大检查制度、社区安全生产宣传教育制度、社区安全生产工作记录制度等。

（2）为保证各项制度的落实而不是停留在表面上，需要从观念上认清致力于制度建设是建设奥运安全社区的保证。管理人员对制度要应知应会，严格遵守。区政府相关部门及街道办事处应成立专门的督导组，区督导组监督街道办事处督导组，街道办事处督导组监督社区，层层监督确保制度发挥作用。

4.7　发挥奥运应急机制中非政府组织的作用

一个现代的高度自治的社会需要政府，但决不会一切事情都依赖政府。发育良好的市民社会和社群组织不但可以从多方面弥补政府的不足，而且能够起到与政府工作良性互动的作用。改革开放二十多年来，在“小政府、大社会”的社会发展和改革总体思路下，我国建立了一些非政府组织和民间社团，但在SARS危机中，除政府之外，几乎没有社群组织有力量提供普及知识、募集资金、为患者和医疗人员家属提供服务等活动。为了更好地预防和解决公共危机问题，更好地提供公共服务，管理公共事务，政府应该采取措施，通过奥运安全社区的建设，培育和发展第三部门。

（1）改变习惯思维，提高对非政府组织积极作用的认识，与之建立团结、合作的良性互动关系。

（2）建立和完善相关法律框架，为非政府组织的发展提供更广阔的空间，使之成为政府的有力助手。

（3）用制度确立与非政府组织之间的合作伙伴关系。

4.8 在奥运会开幕期间，注重在实践中检验各项机制的建立和运行是否合理、有效

（1）奥运期间，奥运安全社区的中心工作是围绕“奥运安全”展开的。奥运安全社区突发事件预防机制、社区应急机制、灾后现场及人员恢复机制等系统都将处在“一级战备”状态。组织管理的责、权、利高度明确，“第一反应者”到位待命、突发事故防护系统、紧急情况人员疏散系统等将全面启动。

（2）奥运期间，奥运安全社区的人财物力资源将处在“形散神聚”状态之中。尤其是比赛场馆周边奥运安全社区，首先，在呈现整洁、美观的优美环境；营造热情、祥和的节日气氛的同时，严格控制大型集会召开、户外大型气球升空等活动。其次，社区志愿者应借助自己对社区熟悉的优势，听从指挥，明确自己的职责，起到拾遗补缺的作用。

（3）奥运村及奥运比赛场馆也是社区的一部分，这个区域的安全问题主要考验奥运安全社区的支持能力。一旦出现运动伤害、交通伤害，社区可供救助的资源应迅速准确到位。因此，场内的“点”与社区的“面”之间，应保持通讯畅通、信息传达准确。

（4）在奥运期间，奥运安全社区将会迎来大量国内外观光人员，展示中国人民文明礼貌、热情友好、奋发向上的精神风貌是社区居民的责任和义务。社区应组织丰富多彩的文化主

题活动，“向世界展示中华民族优秀文化的无穷魅力”。与此同时，应在社区内醒目位置，配备中英文说明图示；社区内安排相当数量的人员值守，在突发情况发生时，负责引导、疏散人员安全离开。

5 结 语

按照世界卫生组织对于“安全社区“的诠释，安全社区的活的灵魂是，社区预防伤害应有组织、有方案，要不断地发现问题、解决问题，达到持续发展。这个活的灵魂，是让人人养成安全的良好习惯从而构建起安全的文化。

奥运结束后，“奥运遗产”将造福于中国人民。奥运场馆会迎来更多健身者、奥运场馆周边酒店会迎来更多观光者……在奥运结束后的相当长时间内，外来人员在周边社区内的流动还会呈递增态势。因此，交通伤害、运动伤害、突发事件伤害是奥运结束后，安全社区的建设重点。

一方面，应针对流动人员，宣传安全社区文化。

对于国内外观光者，宣传本地安全文化理念是为世界卫生组织称道的积极进取精神。将本地区安全隐患、紧急疏散通道、应急机构所在地、救助电话号码等相关内容，印发成册，免费发放到流动人员手中，使之对所在地区有了相应的知情，会增强其对社区的尊重、对所到城市的热爱，也在无形之中提升北京的城市形象。同时，提高旅游者的知情意识，可以减少人际关系紧张和对公共物品的人为破坏，从而降低城市管理的成本。

另一方面，对危机系统维护应制度化。

对安全社区的突发事件预防机制、建立社区应急机制、灾后现场及人员恢复机制等危机系统进行定期检查，如对通讯系统检测的频度和程度检查、人员培训和更新安全宣传材料的频度和程度的检查等。每年至少应有一次全方位的应急演练。

奥运安全社区的建设，旨在抓住2008年奥运机遇，将安全意识渗透到我们工作、生活的方方面面中来，使北京的社区，未来都能达到世界卫生组织“安全社区”的标准。而这一切工作的主旨，都是为了让安全意识长驻人心，实现和谐社区的美好理想。

课题策划人：

王维城　全国人大常委、民盟中央副主席、北京市人大常委会副主任、民盟北京市委主委、清华大学热能工程系教授

朱尔澄　全国政协委员，北京市政协常委、副秘书长，民盟市委常务副主委

课题负责人：

王姮隽　北京市政协委员、民盟市委妇女委员会主任、朝阳区人大常委、朝阳区委副主委、北京石油管理干部学院企业领导力教研室主任、教授

作者：

1. 王姮隽　北京市政协委员、民盟市委妇女委员会主任、朝阳区人大常委、朝阳区委副主委、北京石油管理干部学院企业领导力教研室主任、教授

2. 郭　瑞　湖南省政府办公厅

3. 何小莉　北京联合大学高职研究所

振兴性恢复重建：我们准备好了吗？

——汶川大地震国家3000亿元重建资金投入方式分析

国家减灾委办公室常务副主任
民政部救灾救济司司长　王振耀

1　3000亿元以上的巨大恢复重建资金投入

针对汶川大地震所造成的巨大经济和社会损失，国家和社会在全面应急投入的同时，究竟可能投入多少资金支持恢复重建呢？

我们先来算第一笔账：中央财政建立地震灾后恢复重建基金，2008年即建立700亿元的重建基金并连续相应安排三年，这样总计有可能就是2100亿元。重建基金以中央一般预算收入安排为主，中央国有资本经营预算收入、车购税专项收入、中央彩票公益金、中央分成的新增建设用地有偿使用费用于灾后重建的资金也列入基金。

第二笔账，全社会的捐赠款物包括共产党员的特殊党费在内已经远远超过600亿元。截至7月18日，全国共接收国内外社会各界捐赠款物总计580.93亿元，实际到账款物578.00

亿元（其中，到账捐款492.91亿元，物资折价85.09亿元）。另据中央组织部公布，全国共产党员支援灾区的特殊党费已经超过90亿元。

第三笔账，按照一省对一个重灾县的体制，每省都要拿出上年财政支出的1%展开对口支援。2006年，对口支援的19省市的财政收入为15480.2亿元，财政支出为23224.2亿元；如果按照1%的投入，每年最少投入就是154亿元以上；19个省市的投入三年将超过450亿元。

仅仅这几笔资金，就超过了3000亿元。另外，还有一定的政策性支持措施，包括财政支出政策、税收政策、政府性基金和行政事业性收费政策、金融政策、产业扶持政策、土地和矿产资源政策、就业援助和社会保险政策、粮食政策等。如果按照这样的资金投入结构，未来三年，仅仅四川重灾县中的18个对口县中较大的县差不多每个县都有可能得到上百亿元左右的重建资金投入。

应该说，重建资金并不是一笔小项投入。这种投入，就其数量而言，可以称之为世界级的一个巨大工程性项目投入，同时在各国巨灾恢复重建历史上也属于一项较大的投入。如何运用好这笔重建资金，是从事重建工作所面临的一个重大课题。

2　体制的结构性调整与重建投入效益空间

与我国灾区历次重建的体制不同，汶川大地震的重建有着巨大的开放空间，这个体制的空间同时也是重要的效益空间。

首先，19省特别是其中18省各自对口支援一个重灾县的机制，就是一个巨大的体制性平台。一个县有一个对口省就意味着该县有一个巨大的市场依托，一个省与一个县可以建立起多种渠道的联系，其中物资流和人员的流动，都是重要的支持并且会产生特殊的社会和经济效益。与此同时，在18个县和18个省之间，也存在着中国传统的动员性竞争和市场经济条件下的合作性竞争，这种竞争往往导致更多的资源投入。比如，北京2008年就确定援建所对口的四川省什邡市项目总投资达52亿元，包括基础设施、公用设施、重灾区集镇建设三大类共21个项目*。这种投入，客观上已经超出了规定的年度资金投入比例。另外，在一个省的内部，也建立起了对口支援的体制。这种体制，在市场经济的条件下，会改变市场的结构，也会产生新的经济关系。客观上，这种特殊的对口支援体制，已经形成了一种新型的市场关系。

与任何一次重建不同，汶川地震又是一次高度国际化的重建。国际社会既在紧急救援过程中发挥了重要的作用，同时又对恢复重建表示了十分积极的态度。这同样是一个巨大的推动力量。美国和日本等国，已经派出了级别较高的代表团到灾区实地考察重建项目，俄罗斯则已经安排灾区部分儿童到其国家度假。中国香港与台湾地区对灾区的重建也十分积极，香港甚至已经通过20亿元的预算来投入重建工作。

在重建体制中还有民间组织和志愿者的参与，他们的支持既包括资金、技术，同时也包括具体的项目监督和设计，属于一种高度参与式的投入。许多捐赠者往往根据十分具体的社会要求甚至一个地方的公共形象来决定项目的投入，如果某个地方的公共形象不佳，有的民间组织就不可能愿意进行项目支持，即使已经确定的项目也有可能产生反悔行为。而如果一个地方的参与体制健全，公共形象良好，则有可能吸收更多的民

* 据2008年7月3日《中国社会报》第一版。

间捐赠资金和项目。

仅仅这三个方面的体制，就使得灾区既与国内市场建立起了特殊的结构性关系，同时也与国际市场形成了相当特别的联系，还与国际和国内民间社会形成了积极的互动纽带。因此，汶川地震的灾后重建，既是高度市场化的重建，也是高度社会化的重建，更是高度国际化的重建。

这种性质的重建，对于灾区重建的政策目标提出了较高的要求。如果仅仅停留于传统的恢复重建模式，将目标定位于恢复到地震前的水平，那就不可能有效地运用当前已经形成的体制优势。实际上，在已经形成的巨大的体制空间内，如何开发各类体制的优势，如何利用各类体制的资源，存在着多项政策选择，不同的选择完全会出现不同的社会效果。

3　重建效益最大化所面临的主要矛盾

如何有效利用恢复重建的体制优势？如何使较大的恢复重建资金投入产生最大的经济和社会效益？从另一种角度分析，有没有一些矛盾的存在，客观上制约着重建效益最大化的发挥呢？的确，需要清醒地看到，以下几个基本矛盾，的确是较大的制约性因素：

第一个主要矛盾就是市场的结构性矛盾。四川省 2007 年建筑业的总产值为 726.9 亿元，甘肃为 215.5 亿元，陕西是 418.8 亿元，三省合计为 1361.2 亿元。而灾区面积占三省面积的比例较小。灾区范围内的市场结构如何？这是首先需要关注的问题。客观上，灾区内的建筑业总产值较小，与恢复重建的巨大需求存在着较大差距。就是说，有了巨大的市场需求，但缺乏足够的合适的产品，供求矛盾较为突出。这样，就一定要出现建筑材料涨价问题，扩大市场供应是灾区恢复重建面临的一项重大挑战。如何调整市场结构，扩大供应，保障供给，需要运用政策杠杆来进行有效调节。

第二个较大的制约是城乡分割矛盾。其主要表现是城乡户籍制度的严格区分及其相联系的有关政策，这非常不利于实施城乡一体化的重建规划，阻碍农村重建的城镇化特别是自来水供应与排污系统的建立等，还会使国际援助及社会援助产生扭曲行为。

第三是提升经济重建质量与技术支持水平过低的结构性矛盾。整个国家的经济建设本来就严重缺乏熟练工，灾区则更为严重。这也同样是一种体制性障碍，主要是不利于熟练工成长的体制。我们有一个农民工制度，这是一个限制城乡流动的制度，更是限制工人熟练化的制度，因为农民工就意味着非正规就业，就不需要严格的培训，也不需要正规的社会保险，工人就会产生临时性观念。这对于重建所需要的建设质量是一个相当大的制约。比如，重建需要百万建筑大军，但如果建筑工人都是非正规就业，那怎么会有建筑质量？重建需要很好的服务业，服务质量要提高，服务领域要拓宽，非正规就业怎么支撑高质量的服务业？农业也是一样，能不能围绕农业来提升开发水平？也需要农业的熟练工人。高科技方面，航天、信息技术，也存在着类似问题。如果不能解决熟练工人的成长机制问题，灾区的重建质量会是一个较大挑战。

特别需要说明的是，技术水平过低的另一个重要标志是各项产品和管理缺乏现代标准，整个社会管理的标准化程度极低，甚至安全管理也缺乏现代标准。这样一种状况，很难与国际社会接轨，将会制约重建质量的提高。

第四是社会保障水平偏低问题也不足以保证恢复重建的持

久开展。2007年，四川省人均地区生产总值为12893元，还没有超过2000美元，在全国处于较后的发展水平，社会保障水平也偏低一些。在应急救援的过程中，灾区得到了较高水平的救助，但恢复重建展开后，紧急救援时期的救济标准就会降低，稍长一些时间甚至还会恢复到已有的保障水平，如在一些重灾区内只有3%左右的农民能够通过农村低保制度得到每月30元左右的救济金，即每天得到1元的救助，这样就与灾民普遍得到每天10元的应急救助标准降低了10倍甚至更大幅度，这种救助标准不可能成为灾区恢复重建的重要保证。

在国家宏观体制不可能进行全面调整的形势下，面对这些体制性的结构障碍，采用何种政策措施才能实现重建效益的最大化呢？效益的最大化从来就可能是在无矛盾的环境中实现的，在多重矛盾中实现重建效益的最大化，正是政策选择的必要性所在。

4 振兴性恢复重建：战略方向选择的基本框架

恢复重建的确是一个伟大的经济与社会复兴过程。尽管存在着多重的体制障碍，但由于重建的巨大投入与社会化、国际化的体制，再加上重灾区的四川省成都、德阳、绵阳三市，又是大西南地区最为发达的经济带，三市主城区均未受到重大损害，因此完全有条件确定振兴性恢复重建的战略方针，系统调整重建资源，通过重建实现灾区经济和社会的全面振兴。

振兴性恢复重建的基本框架，需要包括四个方面：

——人文化的原则。通常所说的以人为本原则，在重建中的基本体现就是要以提高灾区人民的生活质量为重点来进行规划。人们都要求重建要有新的起点，那么，什么是新的起点？

首先就是要有新的规划理念，特别是人文品味的重建规划，以人为本，以提高当地群众生活质量为本来进行规划。

许多专家提出在进行规划设计时一定要想到50年以后的需求，最少也要想到30年以后的社会发展水平，立足于这样的起点来进行规划。这就是一个最为基本的恢复重建的需求。如何看待这个需求？如何分析和规划这一需求？最基本的要求就是不能简单地恢复原来的建筑物。农村规划要考虑城镇化，要采用太阳能、沼气等项节能设施，建立卫生设备系统等；城镇则要合理设计，避免建设那些缺乏文化品味的房屋与公共设施。重建过程也要伴随着居民生活水平的不断提高并且要适度高于非灾区的地方。

——市场化的管理。重建中有许多支援行为，要不要依靠市场机制来调节？回答是肯定的。市场化管理包括几项基本内容：一是要调节好价格特别是建材工业的价格，建立起特别的建材物资供应渠道。二是要分析新的市场结构特征，注意按照市场需求加强市场的组织化程度。重建三年是一个巨大的市场，有着不同的需求；19省的进入也是一个重要的市场结构，如何评价这个结构？要纵横比较，形成的市场网络。另外还有国外的支援，包括美国和日本的企业进入市场等。总体上年度的1000亿元的资金流如何运行？如何消化几百亿元的投资？这需要多方面的指导。三是要有新的产业规划，新的产业布局。在恢复重建初期，最大的产业将是建筑业，如何建立起发达的建筑业？这是一个很大的挑战。而在恢复重建一年多以后，在初期极为发达的建筑业就有可能转向日益发达的服务业等，这种产业的转型，也需要健全的政策规划。

——国际化的标准。一个现代化的社会没有系统的产品和技术标准是不可能保持其良好运转的。振兴性恢复重建更需要采用较多的国际标准，以便在技术和机制方面保证重建的质量。需要全面推广标准管理制度，使所有重建项目都要有一定的基本标准。灾区特别需要的是建立较为现代的职业管理标准，需要对于建筑工人及公司负责人进行标准化的培训，使他们具有现代建设的管理常识。同时，也需要普及各类匠人协会，使农村各类匠人（实际上就是熟练工人）形成较为严密的组织，进行规范的管理，不断提高他们的技术水平。

——社会化的机制。这里所说的社会化，包括三个方面：其一是政府的重建需要有民间的参与，从中央到地方特别是到基层，重建政策的制定特别是各项款物的分配尤其是捐赠款物的分配都应该有民间代表和民间组织的参与，单一性的行政决策往往会使社会产生误解；二是要鼓励各类社会捐助行为的直接性，支持捐赠及援建项目的直接投资和监督等；三是支持乡村居民开展多种形式的自主重建。只有建立社会化的重建机制，才能善于组织民间参与的热情，积极推动民间力量投入重建过程。这需要改变传统的行政活动方式和工作方式。

振兴性的重建，特别需要新的理念。新的理念其实也是一种不可忽视的重建力量，因为理念左右人们的行动，怎么运用资金、怎么决定投资、怎么设计工程，实际上是受人们的理念决定的。过去，人们往往认为，理念产生于高不可攀的少数人，大众只要服从就可以了。但是，振兴性重建的理念，恰恰是要尊重普通人的需求，尊重市场管理的规则，尊重社会的参与，同时还要研究国际化的标准。这种理念，并不神秘。但要实践起来，相当不容易。

同样，重建需要新的体制，也需要有体制调整的理念。体制本身就是生产力的巨大的加速器或者束缚器。紧急救援时期的经验证明，传统体制不可能应对巨灾，恢复重建过程中，一些传统的障碍性因素也应该允许调整。由于灾区面积较大，投入较大，需要考虑到灾区重建对于全国经济格局的影响，有的专家提出了把灾区作为国家试验区的设想，可以从这个角度考虑问题，给灾区更多的实验权，把将来一定要实行的政策如城乡统筹等可以先在灾区实行，允许灾区进行探索。应急时期救灾政策的多方面调整经验证明，体制的效益空间相当大。

5 三个战略发展阶段的不同重点

振兴性的重建，需要在总体规划中处理好三个战略发展阶段的资源配置和衔接问题。

第一个战略发展阶段，客观上是农村住房的重建。农村住房需要走在前面，同时需要有高质量、新起点的重建。新农村建设应该结合重建来进行，要注意传统文化和人文品味的开发和提升，不要让农村的规划如同整齐的军营，而要多一些文化和传统，多一些服务设施。当前，重建资金和标准已经落实，需要尽快着手进行。一些专家认为需要再等待一个时期，其实，由于灾区面积广大，极重灾区就达到2.6万平方公里，重灾区面积约为9万平方公里，仅极重灾区的面积就几乎接近北京、天津两个直辖市的面积，因此有着辽阔的重建空间。同时农村人口众多，农业生产繁忙，首先稳定农村，是一个战略性的选择。这项工作，应该在今冬明春有突破性进展。

第二个战略发展阶段应该是产业的复兴。产业的复兴需要一定的规划时间，特别需要一个市场发育阶段，这个阶段的时间不会太长，但是会在农房恢复重建展开之后。客观上，民众的重建需求创建了一个较大的市场，如何运用市场管理手段，进行资源调整，加强重建的指导，是灾区产业发展的一个重要课题。灾区实际上形成了一个特殊的市场结构：农民、市民的需求，道路、企业、城镇、学校、医院、社会福利事业的重建等，创造出了特别的市场需求，从这个角度来看待重建问题，就需要确立通过市场手段促进产业的、发展的政策目标。这样，灾区的产业复兴与重建就会建立起有机的联系。这个阶段的工作，既与农村住房的恢复重建有着密切联系，同时也有着相对的独立性，应该分项目展开。当然，灾区更重要的产业是已经具有的占有一定国内市场份额的大中型企业，这些企业的重建和复兴，也需要更为关注重建过程中的特殊市场结构，主动与各类重建者建立良好的互动关系，在重建过程中拓展自身的市场。

产业复兴的重要内容是要提升农业、工业甚至包括服务业的发展水平，这里的主要挑战是机制方面还缺乏一定的活力，有的管理方式缺乏现代性，各类产业要素之间不配套。产业复兴也要特别注意挖掘体制和管理的潜力，这里也需要引进新的理念，注重熟练工人的培养，实现各类产业的提升。

第三个阶段是城市规划的落实。尽管城市规划工作着手较早，但由于城市规划牵涉面广，有的县城，如北川，还需要易地重建，就需要更长的时间。同时，城市规划集中体现着重建的特色，包括基础设施、公共设施及各行业的布局等，复合性强，需要特别细致的规划。城市规划，最为成功的是云南省丽江市，1996 年地震使丽江受到毁灭性打击，但重新规划后的丽江则成为世界旅游名城，因此要有丽江重建规划的理念，使城市更有人文色彩，有条件的地方还要能够使其成为旅游的品牌。这项工作，需要尽早着手，但不可能在短期内完成，很可能要在三年重建之后才能出现整体性的效果。

恢复重建客观上的阶段性问题需要高度注意，尽管各个阶段之间存在着多方面的联系，但是，为了争取战略主动，还是需要规划不同阶段的工作重点并明确其所面临的困难，才有可能采取多项措施来逐步解决不同的困难，增强重建工作的主动性。

6 技术和规划的重要性

重建过程中的技术问题往往不被高度重视。为什么？因为人们主要为筹措资金奔忙，往往不会考虑技术本身的重大作用。其实，中国经济发展的一个薄弱环节，就是技术开发体制存在着较大缺陷，技术与普通人日常生活脱节。振兴性恢复重建，如果不能实现相关技术与普通人生活的密切结合，使普通人家的窗户设计、灶具、太阳能应用等，都有一定的技术含量，那么，重建质量就会很难得到全面提升。

如何使人民的日常生活与技术联系起来？重建过程中能否为技术的生长提供一些环境和政策支持？回答是肯定的。技术应该立足于需求，特别是实用技术的需求，如沼气、排污系统、太阳能的利用和普及等，只有在这些实用领域形成系统的技术开发机制，才会使技术与社会需求紧密结合起来。这就需要改变公共管理的方式，对实用技术积极支持，建立标准，广泛普及，严格规划，防止凑合。技术标准也要具体化，系统化，使其真正对于人们的日常生活产生积极影响，使人们对技术的需求更为敏感。

重建规划，也不是一件容易的事项。这些年我国有多少城市在漂亮的口号中产生了劣等的规划？可以说教训不胜枚举。许多规划的基本通病，主要是缺乏具体的目标、具体的标准、具体的完成时间，规划的目标过于宽泛，对现状分析不够，见物不见人，口号多，原则多，群众参与少，效果少，往往不可能经得起历史的检验。因此，制定规划，一定要注意现代性，学习国际经验，学习中外成功经验，把眼界放宽一些。

总体上，为了重建，已经做了多方面准备，但振兴性重建的最高目标应该是，让灾区恢复重建成为中华民族经济起飞的又一个重要引擎。为此，还需要更好地准备！

四川汶川地震灾后重建大宗建材供需平衡对策初步思考

四川省社科院研究员　王新前

汶川特大地震造成四川省6个重灾区40个县（市、区）的大量房屋、公路、桥梁等基础设施毁灭性破坏。据各地初步上报的数据，包括房屋、道路、桥梁、隧道、水利设施、电力设施、通讯设施、城镇和工业设施等财产损失达数千亿元。如果考虑恢复重建必须进行地质灾害和生态治理，其花费又需增加上千亿元之巨。整个重建工程总计将达上万亿元。如此巨大的重建工程，必将会对四川省水泥、建筑用钢、墙体材料等建筑材料的生产供应产生“井喷式”的巨大需求。

俗话说，“兵马未动，粮草先行”，各种建筑材料就是灾后恢复重建的“粮草”。3个月的重建规划期之后，大规模的重建工作就将全面展开。根据丽江等地地震灾后重建的宝贵经验，水泥、建筑钢材、墙体材料等大宗建材的生产与供给，需要优先谋划，提前布局，以确保大规模重建工程的需要。据初步估算，仅倒塌和损毁的住宅房屋的恢复重建，就需要大约4000多万吨水泥、1000多万吨钢材、400多亿块标准砖。如果再加上各种公共设施和基础设施的恢复重建及地质灾害的治理，估计共需用约6000多万吨水泥、1500多万吨钢材、450

多亿块标准砖。

按照 3 年完成恢复重建的构想，上述大宗建筑材料的需求平均每年约为 2000 万吨水泥、500 万吨钢材、150 亿块标准砖。

2007 年四川水泥产量 6214 万吨，较上年同比增长 26.73%，市场表现为供不应求，价格在高位运行。灾后重建因素将使水泥年需求量在正常增长基础上再骤增 30% 以上，市场影响不可低估。综合时间等因素考虑，初步估计 2008 年我省水泥产量要达到 8800 万吨以上，才能基本满足需要；2009 年、2010 年和 2011 年则分别要达到约 12000 万吨、11500 万吨和 10800 万吨才能基本满足需要。预计墙体材料需求增长幅度与水泥大体相似。由于不便运输等原因，水泥和墙体材料等主要需由本省自己生产来满足需求。

从四川省水泥生产能力看，2007 年末为 7700 万吨，2008 年原计划新增 1760 万吨，2009 年原计划新增 1500 万吨，2010 年原计划新增 1420 万吨。同时，为完成节能减排任务，四川原计划到 2010 年每年淘汰落后水泥生产能力上千万吨。为满足灾后大规模重建的突发需要，在确保新建水泥生产项目按期投产和暂缓淘汰落后生产能力前提下，估计 2008 年四川水泥供给缺口约为 1000 万吨，2009 年缺口为 2500 万吨，在进一步增加产能建设的条件下，2010 年下半年则有可能实现供求平衡。因此估计在 2008 年下半年、2009 年和 2010 年上半年的两年时间内，总计需要通过从省外采购调运约 4000 多万吨水泥来弥补四川的水泥供需缺口。

2007 年四川钢材产量 1589 万吨，本省实际消费量也在 1600 万吨左右。灾后重建带来的需求增长与水泥、墙体材料等大体相似。但我省钢材产量中房屋建筑用钢比例较低，部份房屋建筑钢材需从省外购进来满足市场供给需要。因此，短期骤然增加的建筑用钢需求，主要只能依靠从省外采购调运来满足。估计从2008年下半年起，四川3年内要增加从省外采购调运1000多万吨建筑钢材。

2007年四川墙体材料产能为310亿块标准砖，实际生产220亿块标准砖。估计只要提高开工率和增加产能，2008年下半年能够实现供需平衡，2009年和2010年上半年则可能需要从省外购买调运150亿块标准砖，在产能增加前提下2010年下半年以后省内供给可以满足需要。

从以上估计得出，在暂缓淘汰落后生产能力和紧急布局建设新的生产能力前提下，未来3年要满足四川灾后大规模重建的需要，四川仍须从省外紧急采购调运4000多万吨水泥、1000多万吨建筑钢材、150多亿块标准砖及数量不等的其他建筑材料。这些对省外的建材需求主要集中在未来2年，将给交通运输形成巨大的压力。例如，仅调运4000万吨水泥就需要约10000多个专列。估计需从省外调运的所有建材需要的运输列车总计将超过20000个专列，以2年时间计每日超过27列，这的确是个非常惊人的数字，估计会有较大的困难。尤其是在煤、电、油、运价格不断上涨时期，其经济代价也相当惊人。比如，2008年5月，陕西、甘肃、湖北水泥价格在每吨300元左右，但500公里外铁路、公路长途运输每吨就要耗费300～400元运费和仓储费用。国内煤、电、油、运价格预计仍将大幅上涨，长途运输的费用将会更高。

如何切实保障满足四川灾后大规模重建对大宗建筑材料的需要，初步有如下一些思考。

（1）全力帮助受灾建材企业恢复生产。此次地震四川灾区及附近的水泥、钢铁、砖瓦等建材企业受损严重。但这些生产能力恢复相对容易，只要资金到位，可较快恢复起来。建议优先给予贷款支持，使其能够尽快恢复生产。

（2）积极支持建材企业扩大生产能力，尽快扶持新建一批建材生产企业。对大宗建材企业扩大生产能力和新建建材企业项目，应特事特办，以最快时间审批立项，保证供地、资金等需要。

（3）鼓励钢铁企业调整产品结构，适当增加我省房屋建筑钢材产量。尤其鼓励攀长钢、攀成钢等企业短期内提高建筑钢材比重，增加建筑钢材产量。

（4）3 年内暂缓淘汰水泥、建筑钢材、墙体材料等大宗建材行业的落后生产能力，待省内供需矛盾缓和之后再重新启动。四川建材行业落后生产能力比重较大，以水泥行业为例，2007 年末落后的立窑水泥生产能力仍占 60% 左右。但由于新的生产能力建设周期通常需要 1 年半左右，故淘汰落后生产能力会加剧水泥供给的紧张。因此，3 年内暂缓淘汰落后生产能力是迫不得已的选择。

（5）适当缓建非灾区部分基本建设项目，以满足灾区大规模重建的建材需要。上述有关未来 3 年大宗建筑材料供求状况的估计，是在假设基本保持建材正常需求增长前提下作出的。但有鉴于运力的紧张和运输费用的高昂，似有必要在非灾区缓建部分基建项目，尤其是房地产项目，以适当减少短期大宗建材需求，缓和供需矛盾，减轻大宗建材省外采购调运压力。

（6）在对大宗建材产品实行价格限制期间，视生产成本变化及时采取其他辅助经济政策。如遇成本上升过快而价格限制不变时，则应相应调降税率或实行财政补贴。

（7）根据外购需要量测算，及早与陕西、甘肃、湖北、重庆等周边省市及其他传统供货地区商谈大宗建材供需协议，落实采购计划。同时还要与铁路等交通运输部门搞好协调衔接，充分妥善安排运力，确保市场供应。

（8）尽早在各重灾区布局建设建材批发交易市场，以满足和方便灾区重建建材采购供应的需要。由于在一些重灾县（市、区）原有的建材批发交易市场遭到破坏，为满足大规模重建需要，必须首先恢复建立起建材批发交易市场。

（9）高度重视加强建材市场监管，严防劣质建材流入灾区市场。政府部门和行业协会等要从生产、销售等各个环节加强监督管理，尤其要防止利用废旧钢材生产的“地条钢”，以及无证小厂生产的劣质水泥、砖瓦等进入灾区重建市场。

参考文献

李若馨．灾区水泥缺口巨大立窑会否缓退三年［N］．北京：中国证券报，2008－06－12

陶玲．四川省建筑用水泥实行最高限价［N］．成都：华西都市报，2008－06－09

龙腾．水泥行业推迟执行差别电价［N］．成都：成都商报，2008－06－13

郑冰香．灾后重建优先安排生活和公共设施［N］．北京：中国产经新闻，2008－06－05

回良玉．国务院关于四川汶川特大地震抗震救灾及灾后恢复重建工作情况的报［R］．北京：全国人大常委会秘书处，2008－06－24

褚朝新．丽江地震后重建启示录［N］．北京：新京报，2008－05－27

徐永超 张勋．震后重建为水泥行业带来利好［N］．北京：证券时报，2008－05－19

中国钢材价格网．四川地震灾区建设到底需要多少钢材［N］．北京：中国钢材价格网，2008－06－03

汶川地震及其灾害综合评估

国家汶川地震专家委员会灾害评估组
国家减灾委员会—科技部抗震救灾专家组 史培军等*
民政部/教育部减灾与应急管理研究院

前 言

5月12日14时28分，四川省汶川县（北纬31°、东经103.4°）发生8.0级特大地震。这次地震，是新中国成立以来破坏性最强、波及范围最广、救灾难度最大的一次地震。

5月13日，根据党中央的部署，科技部党组迅速召集有关方面专家就汶川地震的抗震救灾工作召开研讨会，全面分析

* 本文作者还包括：方伟华，王瑛，王绍强，刘吉夫，刘连友，李仪，陈军，邹铭，杨晓东，张秀兰，张国民，张其仔，张春山，张晓宁，张培震，张镱锂，范一大，欧阳志云，聂娟，徐国栋，高孟潭，葛全胜等（按姓氏笔画排名）

抗震救灾的形势。5 月 16 日，科技部召开了“科技部抗震救灾专家组”成立大会。会议由科技部副部长刘燕华主持，万刚部长、党组书记李学勇副部长就抗震救灾专家组的工作目标、任务和工作方式做了总体部署。会议要求，动员广大科技工作人员，特别是专家组的所有成员，全力以赴用知识和技术支持抗震救灾工作，并密切关注抗震救灾的总体进程，有针对性地提出综合对策建议，并及时上报国务院抗震救灾总指挥部和相关部门。刘燕华副部长就专家组的工作提出了具体的要求。希望专家组充分发扬民主，各抒己见，吸收国内外科技界的各方面的知识、行之有效的技术和有价值的政策建议。专家组要充分发挥各专家所在单位的优势和特点，通过多学科系统分析、综合集成，形成从多层面、多角度对本次地震灾害的综合研判结果，从应急决策的角度，进行综合性、区域性快速评估，提交应急决策建议和综合性报告。会上，科技部宣布由民政部/教育部减灾与应急管理研究院副院长、地表过程与资源生态国家重点实验室主任、北京师范大学常务副校长史培军教授担任专家组组长，科技部社发司马燕合司长任专家组总协调人。抗震救灾专家组由综合分析专家组和技术支撑专家组组成。

5 月 18 日起，在原有科技部抗震救灾专家组的基础上，与国家减灾委协商，共同联合组成“国家减灾委—科技部抗震救灾专家组”，原专家组全体成员作为新专家组的成员参与此项工作。

5 月 21 日，国务院抗震救灾总指挥部成立“国家汶川地震专家委员会”，“国家减灾委—科技部抗震救灾专家组”除继续本组的工作外，全力参与“国家汶川地震专家委员会”的工作，特别是其下设的灾害评估组的全部工作。

在专家组组长的具体召集下，各相关专家小组采取“分组工作与集中会商相结合，对策建议与技术筛选相结合，分析研判与实地考察相结合”的工作程序，针对抗震救灾应急需求和恢复重建的关键问题，筛选行之有效的实用技术，研究提出综合对策建议，及时向灾区发送有关技术材料，并及时向国务院抗震救灾总指挥部和有关部门报送综合研判成果。本报告就是这一专家组形成的共同成果的一部分。

根据《汶川地震灾后恢复重建条例》，国务院抗震救灾指挥部规划组的《国家汶川地震灾后重建规划工作方案》，以及国家减灾委—科技部抗震救灾专家组与民政部共同制定的地震灾区人员伤亡、财产损失、资源与环境毁损调查表，本文对汶川地震、地震次生灾害、地震影响范围、地震灾害损失等进行了综合评估。

1　汶川地震与次生灾害*

专家组下设的地震小组和地质灾害等次生灾害小组就汶川地震形成的机理和所引发的各类地质灾害进行了详细的分析，并将结果报送给国家汶川地震专家委员会。本节的内容是依据国家汶川地震专家委员会综合有关专家提交的相关报告由马宗晋院士修订而成的。

1.1　震区及外围地震构造

汶川8.0级地震发生于龙门山断裂带，该带位于我国“南

* 本节内容主要来自国家汶川地震专家委员会2008年7月12日提交给国务院抗震救灾总指挥部的报告。

北地震带”的中段。为了反映区域构造背景，将研究区适当扩大，范围为北纬26°~35.5°、东经100°~109°。

（1）汶川地震的主要活动断裂带

主要活动断裂是指晚更新世活动的断裂和全新世活动的断裂，前者指距今10万年以来有过活动的断裂，后者指距今1.2万年有过活动的断裂。上述各地震构造带皆由一条或多条活动断裂带构成。

区域范围内规模较大的断裂有秦岭北缘断裂带、东昆仑断裂带、龙门山断裂带、鲜水河—小江断裂带、锦屏山—丽江断裂带。它们构成了区域的主要构造格架，控制现今地形地貌的界线，是切割岩石圈或地壳的深、大断裂，在地球物理场上显示规模较大的重力梯度带。

受青藏高原强烈隆起和向南东侧向挤出、滑移的影响，这些深、大断裂都是全新世或晚更新世活动的断裂。其中北北西—北西—北西西向断裂主要表现为逆左旋走滑的特征，北北东—北东—北东东向断裂主要表现为右旋逆断特征或右旋正断特征。

沿深、大断裂地震活动强烈，它们皆发生过≥7.0，甚至≥8.0级地震。2008年5月12日汶川8.0级地震发生在龙门山断裂带上。

龙门山断裂带总长530km，宽40km~50km，走向北东，倾向北西，倾角30°~70°，由3条裸露断裂和一条山前隐伏断裂组成。三条裸露断裂分别是茂汶—汶川断裂带、北川—映秀断裂带、灌县—江油断裂带。最新活动性质为挤压逆断兼右旋走滑。以江油为界分东北和西南两段，东北段是早、中更新世活动，而西南段为全新世活动，这次8.0级地震就发生在西南段。

（2）汶川地震的主余震形势

截至7月1日08时，汶川震区内共记录到余震事件14867次，其中5.0～5.9级余震28次，6级余震5次，最大余震为5月25日16时21分青川6.4级地震。

汶川地震的主震属于板内逆冲型地震，余震分布在长约300km、宽约40km的狭长区域内。

震区5.0级以上余震分别集中在南北两端，中间存在空隙和小震，最大的6.4级余震发生在北端。余震整体上由西南向北东发展。

6月上旬，不同单位给出的地震学、地球物理学、地质学研究结果均显示，汶川地震序列类型判断为主余型，最大余震震级估计为6到7级，余震持续时间预计为几个月。

迄今的实际情况表明，上述关于地震序列类型的判断仍是成立的，关于最大震级的判断仍未突破。国内外不同研究组得到的结果亦基本一致。近2个月来不同地球物理结果的相互比较、地质与地球物理结果的比较，特别是地表破裂调查工作的完成，也进一步支持关于余震最大震级的判断。

根据抗震救灾工作的阶段性特征和余震序列的衰减情况，建议对余震区继续进行2个月的强化监视。

由于余震预测的不准确性，特别应警惕晚期强余震的危险和突破已有对地震序列的认识的可能性。目前对余震区南部的强余震危险和地震破裂继续向北发展的可能，还需做进一步的工作。

1.2 汶川大地震发生过程机理的解析

（1）汶川地震的动力学背景

印度板块在受东印度洋底的地幔运动拖曳作用下，沿东经

90°活动带向北运动，其北缘向亚洲板块的俯冲作用，造成青藏高原两侧边缘带构造应力能量长期积累。

初步推断，在印度板块总体向北的作用下，青藏高原东缘沿龙门山构造带向东挤压，受到四川盆地的阻挡，积累的能量在龙门山北川—映秀地区突然释放，造成汶川地震。

汶川地震的主震发生在带有右旋性质的逆冲型断层的地壳脆—韧性转换带上，震源深度为15km左右。通过现场考察及多种观测资料，初步认定北川—映秀断裂是汶川地震的发震主断裂，另有三条同震断裂。

（2）汶川地震的运动学特征

现场调查初步认定，汶川地震的发震主断裂是北东走向的北川—映秀断裂（或称为龙门山中央断裂），断面向北西方向陡倾（70°~80°），地震产生的地表破裂带长超过200km。地震破裂构造指示断裂具有逆冲兼右旋走滑性质，沿断裂及两侧，特别是断裂北段上盘的破裂十分强烈，地震产生的平均垂直和水平位错为1~2m，局部地段可达5m左右。

龙门山山前北东走向的江油—灌县断裂也在这次地震中发生破裂，破裂带全长约60km，断面向北西中等倾斜（50°~60°），断裂运动具逆冲兼右旋走滑，局部地段最大垂直位错达2.8m。

因道路破坏严重，尚未对主破裂带西北侧的茂汶—汶川断裂进行现场考察。

根据远场地震波数据、地震断层信息、近场地表观测资料进行的计算表明，在映秀附近山前断层深7km处最大错动量为10m，在中央主断层深8公里处最大错动量为9.5m，在北川附近主断层深度3km处最大错距高达11m多。虽然，模型计算出的地下深部断裂错动到地表后发生了不规则衰减，但这一结果从机理上初步解释了为什么距离震中几十公里的北川地面破坏最剧烈。而汶川震区深部断裂运动特征到地表运动特征之间的不规则衰减关系尚需进一步深入探讨与研究。

（3）主震外围潜在强震高风险区的判识

中国大陆西部的东边缘带，即统称的中央南北地震带，南起云南北至宁夏，是一条宽达500多公里的地震活动带，东西跨5个经度。南北地震带在南北方向上可分为南、中、北三大段落，此区域人口相对密集，因而也是中国大陆内部的地震高损伤带。

1900年以来，南北地震带内已发生29次7.0级以上地震，并在南、中、北三大段内陆续发生过8.0级以上大震，北段在1920年发生了海原大地震，南段在1950年发生了察隅大地震，这次2008年的汶川大地震则是发生在南北地震带的中段。而在南北地震带北端的蒙古中央构造带内也于1905年和1957年发生过8.0级以上大地震。

在南北地震带内，汶川主震后的余震有朝北西甘肃文县和北东陕西宁强县两个方向发展的态势，在这两个方向上分别发生了5级以上地震，造成重灾。此后，地震发展到内蒙和青海，这可能是应力—应变积能的传输方向。鉴此，跳过秦岭沿鄂尔多斯的周边地区引发中强震的可能性也不容忽视。

此外，在汶川震区内，主震之后的余震朝北东方向沿主震断裂扩展，一万四千多次余震均发生在主震附近及其北东方向。在主震区的西南方向上，余震不发育。在震中西南150km范围内的龙门山构造带南段，存在地震“空段”，其地震活动性需要详细探查与分析。

1.3 汶川地震的次生灾害

汶川地震造成的灾害与很多其他地区的大震不同，主震及余震频频诱发的滑坡、泥石流等次生灾害所造成的损失超过地震全部损失的三分之一。

汶川震区处于高山与川中盆地的交界地区，大地震动引发的岩崖崩落、土石滚流，导致土地、水利工程毁坏严重，并新生多处堰塞湖。据调查，四川省地震诱发次生地质灾害6000多起，其中滑坡灾害近3000起，崩塌1700多起，泥石流540起，其他次生地质灾害800多起。直接威胁人数达32万人。另有30多座堰塞湖，其中7座在汛期还存在险情。四川省次生灾害简要情况见表1和表2（见P112）。

震区次生灾害数量多、分布范围广、隐患叠生，加上地理环境复杂，目前尚无法准确测定多县（市）灾害损失面积以及潜在威胁区的面积，这一项工作有待深入开展。

未来三四个月，灾区的余震、暴雨等仍还可能造成山地灾害，而这段时间正是灾后重建、恢复生产和社会秩序的关键时段，应尽快明确划定地震、余震及各类地质灾害的潜在危险地段，尽早规避灾区再次遭受自然灾害的风险。而土地可利用范围的划定，对于灾区产业结构的规划、居民的安置与地域文化的重建则尤显急需。

2 人员伤亡统计

国务院新闻办公室根据国务院抗震救灾总指挥部授权发布：据民政部报告，截至7月11日12时，四川汶川地震已造成69197人遇难，失踪18341人，374176人受伤。据总参谋部报告，截至7月10日24时，抢险救灾人员已累计解救和转移1480212人。据卫生部报告，截至7月11日12时，因地震受伤住院治疗累计96445人（不包括灾区病员人数），已出院88391人，仍有5405人住院，其中四川转外省市伤员仍住院3334人，共救治伤病员2827552人次。

3　灾害范围评估

3.1　灾害范围评估原则

灾害范围评估原则如下：①简单明了便于操作，满足国家汶川地震灾后重建工作规划的要求；②全面考虑灾情程度、地震致灾强度和地质灾害的影响，突出灾区遇难人数和倒塌房屋数量因素，并考虑灾区转移安置人数；③充分利用多途径获取的灾情数据，依靠科学，综合评估；④评估以县级行政区域为单元，保持县域完整，便于整体规划和重建；⑤考虑与国家已经出台的相关政策措施相衔接。

3.2　灾害范围评估依据与综合灾情指数

灾害范围评估依据为：按照《国务院办公厅关于印发国家汶川地震灾后重建规划工作方案的通知》（国办函〔2008〕54号）要求，即"明确划分标准，区分重灾地区和一般灾区，为确定规划范围提供依据"，开展灾害范围评估。

综合灾情指数依据灾害范围评估原则，构建综合灾情指数（DI），作为灾害范围划分依据。

综合灾情指数根据死亡和失踪人员情况、倒塌房屋情况、转移安置人员情况、地震烈度和地质灾害危险度计算生成。具体构建如下指标：①平均地震烈度：考虑到存在一个受灾县覆盖几个不同地震烈度区的情况，采用不同烈度等级所占面积加权求和法生成受灾县平均地震烈度值（I），用来表示分县平均地震烈度。②死亡和失踪人数、万人死亡和失踪率：以县（市、区）为统计单元的死亡和失踪人数，并以县（市、区）户籍人口为基数计算万人死亡和失踪率；③倒塌房屋数、万人倒塌房屋率：以县（市、区）为统计单元的倒塌房屋数，并以县（市、区）户籍人口为基数计算万人倒塌房屋率；④地质灾害危险度：对崩塌、滑坡、泥石流造成的危害居民地（处）、危害公路（处）、威胁堵塞河流（处）、威胁桥梁（座）、威胁水库（座）、损毁土地（平方公里）等，进行等权加权归一化处理，得到各县（市、区）指标值；⑤万人转移安置率：以县（市、区）户籍人口为基数计算万人转移安置人率。综合灾情指数的计算公式为：

$$DI = \sum (fk * DIk)$$

其中，DIk 为归一化的单项指标：DIk = [DIk - min(DIk)]/[max(DIk) - min(DIk)]；fk 为上述五项指标的权重。

综合灾情指数各指标的权重为：平均地震烈度值权重为0.3；死亡和失踪人数、万人死亡和失踪率权重各为0.15，总权重为0.3；倒塌房屋数、万人倒塌房屋率权重各为0.1，总权重为0.2；地质灾害危险度权重为0.1；万人转移安置率权重为0.1。

评估的数据来源包括：①中国地震局提供的地震烈度数据；②按国家1:20万基础地理信息数据编绘的行政区域界线；③四川、甘肃、陕西三省人民政府上报的“汶川地震灾害损失统计表”和灾害损失评估报告。其他受灾省份上报民政部的灾情统计表；④国土资源部、民政部、水利部等相关专业部门提供的地震引发崩塌、滑坡、泥石流、堰塞湖及其他次生灾害危害图，国土资源部提供的84个受灾县（市、区）地质灾害数据，民政部国家减灾中心提供的地质灾害危险度；⑤按民政部编制的《中华人民共和国行政区划简册2008》得到的各县（市、区）户籍人口；⑥灾区遥感监测数据分析、研判后获得的房屋倒塌、交通破坏、耕地毁损以及植被破坏的空间分布图；⑦专业人员、工作组人员赴灾区实地调查、核查所获得的灾情资料。

3.3 灾害范围类别及灾害范围划定

依据灾害范围评估原则和依据，将灾害范围划分为严重受灾地区（包括极重灾、重灾县（市、区））和一般灾区，同时界定灾害影响区。

按照各县（市、区）综合灾情指数，依据综合灾情指数突变点，考虑受灾县（市、区）累计直接经济损失占灾害总损失份额等因素，依据以下综合灾情指数取值区间来确定灾害范围类别划分：综合灾情指数大于0.4的县（市）为极重灾县（市）；综合灾情指数介于0.4至0.15之间的县（市、区）为重灾县（市、区）；综合灾情指数介于0.15至0.01之间的县（市、区）为一般灾区；综合灾情指数小于0.01的县（市、区）为影响区。

3.4 灾害范围类型评估结果

汶川地震灾害范围类别评估结果为：严重受灾地区包括10个极重灾县（市）和36个重灾县（市、区），一般灾区包括191个县（市、区），影响区包括180个县（市、区）。依据上述评估，计算出不同灾害等级范围面积统计结果。极重灾县（市、区）全在四川境内，面积约为2.6万km^2，依次为：汶川县、北川县、绵竹市、什邡市、青川县、茂县、安县、都江堰市、平武县、彭州市。重灾县（市、区）面积约为9万km^2，一般灾区面积约为38.4万km^2，灾区总面积约为50万km^2。

4　灾害损失评估

4.1　地震灾害损失综合评估内容、原则、依据与方法

依据《汶川地震灾后恢复重建条例》（国务院令第526号）第二十条要求，国务院有关部门应当组织开展地震灾害调查评估工作，为编制地震灾后恢复重建规划提供依据。并按照《国务院办公厅关于印发国家汶川地震灾后重建规划工作方案的通知》（国办函〔2008〕54号）的要求，民政部与国家汶川地震专家委员会就汶川地震灾害损失进行了综合评估。

综合灾害评估包括城镇和乡村受损程度和数量，人员伤亡情况，房屋破坏程度和数量，基础设施、公共服务设施、工农业生产设施与商贸流通设施受损程度和数量，农用地毁损程度和数量等，以及环境污染、生态损害以及自然和历史文化遗产毁损等情况，资源环境承载能力以及地质灾害、地震次生灾害和隐患等情况。为此，我们拟定了地震灾害综合评估的原则、依据以及评估方法。

综合评估原则如下：①灾害损失评估结果尽可能反映地震灾区实际损失情况。②满足国家汶川地震灾后重建工作规划的

要求。③重点对四川省、甘肃省和陕西省灾害损失进行评估，同时兼顾其他受灾省（市、区）的受灾情况。④对城乡住房、基础设施、公共服务设施、农业生态、工商企业等灾害损失进行全面、系统的评估。⑤综合考虑受灾省（市、区）和行业主管部门统计上报的灾害损失数据。科学分析和利用有关单位灾害损失估算。⑥综合评估和重要灾情指标评估相结合，充分考虑固定资产具有累计性和可替代性的特点。⑦以行政县为评估基本单元。

综合评估依据：①四川省、甘肃省和陕西省政府提交的汶川地震灾害损失评估报告和统一填报的“汶川地震灾害损失统计报表”。②教育部、工业与信息化部、铁道部、文化部、国家广播电影电视总局、林业局、地震局等行业主管部门向民政部报送的有关报告。③重庆、云南等其他受灾省（市、区）依据民政部“自然灾害情况统计制度”上报的灾情数据。④民政部、中国地震局、国家汶川地震专家委员会在《汶川地震灾害范围评估报告》中提出的“综合灾情指数”。⑤专业人员、工作组人员赴灾区实地调查、核查提交的现场评估报告。

综合评估方法：①对统计数据表进行综合校对：通过加总法进行统计校核；通过其他来源的相关数据进行校验。②利用已有的相关标准和统计数据进行校核：通过利用民政部门的对灾毁房屋损失的原值估算指标，以及统计部门颁布的不同地区不同房屋结构的比例，对灾区各类房屋受损损失进行了核算。③利用概率统计分析方法：通过相关分析和累积曲线对比分析，相对校核所选样本的序列变化；通过概率统计分析，对统计报表数据与模型数据进行交叉校核。

4.2 地震灾害综合损失评估结果

综上所述，汶川地震造成的四川、甘肃、陕西3省直接经济损失总数为8943.2亿元。

另据民政部统计，汶川地震灾害还造成重庆、云南等省（自治区、直辖市）直接经济损失20.63亿元。由此可知：

（1）汶川地震造成的直接经济损失为8963.8亿元，其中，四川省8286.6亿元，甘肃省457.8亿元，陕西省198.9亿元，其他受灾省（自治区、直辖市）合计20.63亿元，分别占总损失的92.45%、5.11%、2.22%和0.22%。

（2）分析四川、甘肃、陕西各行业（类别）损失情况可知：农村住房受损1682.0亿元，占3省总损失的18.8%；城镇居民住宅及非住宅用房受损2149.6亿元，占3省总损失的24.0%；农业损失323.1亿元，占3省总损失的3.6%；工业（含国防工业）损失928.3亿元，占3省总损失的10.4%；服务业损失603.9亿元，占3省总损失的6.8%；基础设施损失1943.1亿元，占3省总损失的21.7%；社会事业损失561.9亿元，占3省总损失的6.3%；居民财产损失335.5亿元，占3省总损失的3.8%；土地资源损失239.9亿元，占3省总损失的2.7%；自然保护区损失46.9亿元，占3省总损失的0.5%；文化遗产损失79.2亿元，占3省总损失的0.9%；矿山资源损失49.8亿元，占3省总损失的0.6%。

4.3 基于模型的评估

（1）基于脆弱性曲线的居民住房损失评估

北京师范大学民政部/教育部减灾与应急管理研究院王瑛基于脆弱性分析对居民住房损失评估。本项工作针对灾区6度以上烈度区的县（市、区）为单位进行。

估算依据：四川省、甘肃省和陕西省分县人口数据（2007 年末数据），及其他省（市、区）数据（2006 年年末总人口数），通过考虑年均人口增长率计算进行了修订；分县农村居民单位面积房屋价值采用受灾省（市、区）2006 年末数据，城镇单位面积房屋价值采用受灾省（市、区）2006 年末地级市房屋现房平均销售价格；震害损失率数据通过 1993 年~2000 年共 111 份地震灾害损失评估报告获得。

估算方法：将灾区居民现有住房分为土木结构、砖木结构、砖混结构、框架结构 4 种类型，并分别建立这 4 种住房类型的破坏概率矩阵，进而依据 4 类住房损失率计算了平均损失率。根据灾区各省 4 类住房面积比例、造价，厘定了各省不同烈度下的住房平均损失率曲线如下图。住房损失计算公式为：

住房损失 E = Σ（各县平均损失率 × 各县居民住宅价值）
= Σ（MDFk × VULk）
= Σ（MDF（Ik） × POPk × Areak × hVk）

其中，平均损失率 MDF（Ik）是指 I 级烈度下房屋的平均地震损失与重置价值的比例。POPk 是指 k 县年末总人口。Areak 是指 k 县年末人均住房面积。hVk 是指 k 县年末单位面积房屋价值。

估算结果：利用上述模型，分别对四川、甘肃和陕西 3 省住房损失进行了估算，结果如下：四川、甘肃和陕西 6 度以上居民住房损失共计 3861 亿元，其中四川省 3549 亿元。其中，四川省地级市辖区的房屋损失评估采用了中损失率，县级房屋损失评估采用高损失率。

（2）基于易损性矩阵法的住房损失估算

北京师范大学民政部/教育部减灾与应急管理研究院徐国栋、方伟华基于易损性矩阵法对住房损失进行了估算。

利用易损性矩阵的方法，对四川地震烈度为6度以上的县（市、区），进行了灾害住房损失评估。

估算数据：人口数据采用2007年四川统计年鉴数据；城市人口和乡村人口的比例，采用《中国县（市）社会经济统计年鉴（2005）》数据；人均住房面积采用《中国乡、镇、街道人口资料》数据；城市和乡村混凝土房屋、混合结构房屋、砖木结构房屋、木结构房屋的比例，根据《2005年全国1%人口抽样调查资料》获得。

估算方法：建立易损性矩阵。将房屋的破坏程度分为五类：基本完好、轻微破坏、中等破坏、严重破坏和完全破坏。房屋类型分为框架结构、多层砖房和一般房屋三类。

估计不同破坏程度的损失比。建筑物的不同破坏程度，相应于不同的损失比。损失比平均值见表1。钢筋混凝土结构房屋的单位价值按1200元/平米，普通房屋的单位价值按800元/平米计算。

估算结果：根据县级行政单元中乡镇在不同烈度区的个数和不同类型房屋易损性矩阵，进行震后损失评估。评估结果见表1，经济损失为2324.9亿元。

（3）基于宏观易损性模型的总体地震损失估算

北京师范大学民政部/教育部减灾与应急管理研究院刘吉夫基于易损性矩阵法对四川、甘肃和陕西地震烈度为6度以上的县（市、区），进行了总体地震灾害损失估算。

资料来源：四川省的人口和GDP来源于《2008年四川省领导干部经济手册》，甘肃和陕西省的数据来源于《2007年中

国统计年鉴》。地震烈度等震线图由中国地震局提供。

估算方法：据陈颙等提出的宏观易损性模型，以人口密度、人均 GDP 和单位面积 GDP 等 3 个指标为参数，确定宏观易损性的最佳分类指标，即采用以 2000 年不变价格表示的人均 GDP 2700 元（国家扶贫开发工作重点县划分标准）和 10000 元为分类阈值，分别建立不同社会经济情况下的地震宏观易损性关系。

$$MDF = C \cdot A \cdot I^{B}$$

式中 MDF 代表 GDP 损失率，I 为地震烈度，A、B 为系数，C 为修正系数。A、B 值直接从回归关系式获得，修正系数 C 一般取 1.0。

经过评估，四川、甘肃、陕西三省直接经济损失为 9785.5 亿元，其中四川损失 8823.9 亿元，甘肃损失 356.2 亿元，陕西损失 605.4 亿元。

（4）基于宏观经济分析的地震灾害损失评估

中国社会科学院工业经济研究所课题组通过经济学（分类加总）的方法对四川、甘肃和陕西的经济损失进行了概算，结果如下：

经济损失分类：将经济损失划分为：①城乡居民财产损失，包括城乡居民房屋损失和非房屋类财产损失；②）基础设施损失，包括公路及相关设施，电力供应设施，通讯设施，水利设施，城镇基础设施，邮政设施公共设施，铁路运输设施；③企业损失，包括采掘业、制造业、服务业；④农业损失，包括种植业、林业、畜牧业、渔业损失；⑤行政事业机构损失；⑥社会公益事业损失，包括教育、卫生、计划生育、文化、体育、宗教、广播电视；⑦文物损失；⑧生态、资源与环境损失。

直接经济损失估算结果：根据以上分类，四川省灾害直接损失合计约为5817亿元。考虑到漏报，灾后损失评估，都要进行修正，修正系数一般在1~1.3范围内，本文取1.1为修正系数。经过修正，汶川地震造成的经济损失超过6399亿元。甘肃和陕西两省，当地政府部门或相关机构已做了损失评估。本报告直接采用他们的数据，即：甘肃的直接经济损失为593亿元，陕西的直接经济损失为244亿元。

用分类数据加总受到资产价格的影响较大。为了验证和校正上述评估结果，使用总体推算法对汶川地震造成的损失进行估算。

①固定资产损失的验证

固定资产损失可以根据既往一个时期固定资产投资和损失程度来推算。鉴于固定资产投资具有替代和累计效应，以及2000年前固定资产投资绝对规模较小且容易为2000年以后的固定资产所替代，2000年以来的固定资产较新主要体现为累积效应。假设本次地震造成的固定资产损失主要是2000年以来形成的，因此本文使用2000年至2007年的固定资产投资数据和损失程度进行推算。

四川省全社会固定资产投资：2000年为1404亿元，2001年1574亿元，2002年1805亿元，2003年2158亿元，2004年2649亿元，2005年3462亿元，2006年4525亿元，2007年5842亿元，不考虑折旧因素，8年累计23419亿元。6个重灾市州全社会固定资产投资约占四川全省固定资产投资的45%，为10539亿元。本次地震造成的损失较严重，四川省6个重灾市州固定资产损失程度按60%估算，固定资产损失约为6323亿元，考虑到固定资产折旧，总体估算法推算的固定资产损失约5000亿左右。分类加总法评估结果扣除工业企业停产和在建项目损失及流动资产损失约1000亿元后，固定资产损失约为5000亿元，两种方法对固定资产损失的评估结果比较接近。

②工业企业潜在损失的验证

2007年四川省地区生产总值为10505.3亿元，规模以上工业企业实现主营业务收入10490亿元。以上两个指标，重灾六市州地区生产总值和规模以上工业企业实现主营业务收入大体占全省的50%。重灾6市州2007年规模以上工业企业实现主营业务收入5245亿元，增加值按35%计算为1836亿元。2008年主营业务收入和增加值按20%增长率计算，分别为6394亿元和2203亿元。假设地震影响相当于减少企业3个月的销售收入和增加值，则造成的主营业务收入损失为1599亿元，增加值损失为551亿元。根据分类加总法，工业企业停产及在建项目受阻损失882.2亿元，停产损失按在建项目受阻损失的2倍计算，停产损失为588.1亿元。两种方法估算的工业企业停产损失比较接近。

总体推断的结果与分类加总法的结果基本一致。

4.4 评估结果对比分析

综合上述评估结果，将利用各种评估方法对四川、陕西、甘肃三省住房损失的估算结果汇总为表1，将四川、陕西、甘肃三省的总体直接经济损失汇总为表2。

从表1可以看出，综合评估后的房屋损失数量与基于脆弱性模型评估的居民住房损失在数量级上相当一致，由此可以看出，基于各省政府上报数据的损失评估结果基本符合实际情况。

表1　川甘陕住房损失估算表

（单位：亿元）

预估单位		四川	甘肃	陕西	合计
川甘陕民政综合统计报表		2473	218	47	2738
北师大 民政部/教育部 减灾与应急管理研究院	房屋损失（脆弱性模型）	2680	216	96	2992
	房屋损失（易损性矩阵模型）	1962	156	207	2325

表2　川甘陕地震灾害损失估算表

（单位：亿元）

预估单位		四川	甘肃	陕西	三省合计
基于汶川地震灾害损失统计报表		8287	458	199	8944
北师大 民政部/教育部 减灾与应急管理研究院	烈度六度以上	8824	356	605	9785
	烈度七度以上	7542	215	269	8026
中国社科院工经所		6399	593	244	7236

从表2可以看出，基于汶川地震灾害损失统计表的校核结果，与北师大民政部/教育部减灾与应急管理研究院的宏观易损性模型对因灾损失总量评估的结果，从总量来看，二者差约占基于汶川地震损失统计表校核结果的9.4%，四川二者相差只有6.5%。由此可以看出，二者对因灾损失总量评估可以互为印证。

综上所述，汶川地震造成的直接经济损失为8963.8亿元，其中，四川省8286.6亿元，甘肃省457.8亿元，陕西省198.9亿元，其他受灾省（自治区、直辖市）合计20.63亿元，分别占总损失的92.45%、5.11%、2.22%和0.22%。从综合对比的角度，我们认为汶川地震造成的直接经济损失在8500亿到9000亿左右。

科学救灾，信息先行

民盟中央科技委员会主任
中科院高技术研究与发展局局长　田静

引　言

胡锦涛总书记在2008年6月23日举行的两院院士大会上的讲话中明确指出，“要加快遥感、地理信息系统、全球定位系统、网络通信技术的应用以及防灾减灾高技术成果转化和综合集成，建立国家综合减灾和风险管理信息共享平台，完善国家和地方灾情监测、预警、评估、应急救助指挥体系。”[1] 这既是对“5·12”汶川大地震启示和经验的总结，也是对科技救灾应急体系建设提出的新要求。

“5·12”汶川地震发生后，党中央、国务院闻讯而动，温家宝总理2小时即登上了前往灾区的飞机，6小时即抵达都江堰，24小时已到绵阳、德阳等重灾区，48小时乘直升机抵达震中地区。相对而言，尽管我们科技界的有关部门和单位积极主动，但是限于条件保障及准备的不足，对中央和救灾力量的信息支持至少落后了36小时。

这次救灾行动中，科技在遥感探测、灾情评估、次生灾害预警监测、宽带通信、卫生防疫、心理救助等许多方面都发挥了不可缺少的重要作用[2]，但是产生作用最快、最大的两项技术就是航空遥感和宽带通信。大灾面前，由于通信、道路、电力等基础设施全面毁损、瘫痪，信息中断，救灾措施的目的性、针对性、有效性都受到严重影响。

在这次救灾中发挥了重要作用的中国科学院的科技救灾行动表明，航空光学和雷达遥感技术的结合是全天候监测与全面评估灾情的最有效、最成熟的手段，应在择优完善技术的基础上，建立稳定、可靠、长期值守的应急航空遥感系统。而科学院最近发展的宽带移动网络技术，在灾后以极快的系统搭建速度将北川等重灾区带出了信息孤岛的困境，后又在唐家山堰塞湖的险情排除中发挥了重要作用，率先在灾区突破了三网融合的体制性障碍，显示了联网便捷、高速、稳定、可靠、信道宽、覆盖广等技术优势，应予大力发展和推广。

1　航空遥感应急系统

航空遥感监测技术是指以飞机等飞行器为平台，以高分辨、数字化雷达、可见光相机等多波段传感器为信息获取手段，以高速、大容量计算机为数据处理手段的遥感技术。作为应急救灾的航空遥感监测系统，目前一般应包括飞行平台、GPS 导航、X/L 波段多极化合成孔径雷达（SAR）、可见光与热红外频段光学传感器、实时数据传输、地面数据综合处理与管理、人机交互灾情判读与评估、应急反应背景数据库、定量化自动判读的目标特征数据库等分系统。为满足应急监测的需要，要求飞行平台必须具备全天候、全天时、长航程的飞行作业能力，传感器的地面分辨率应优于0.5m，数据传输应能够实现千兆带宽的机—地或机—星—地数据实时传输，数据综合处理系统应能够在一个小时内完成上百平方公里的高分辨图像成像处理。

航空遥感可以象卫星遥感技术一样，宏观、准确地获取大面积灾情数据信息，同时还具有机动、快速等特点，可以提供高分辨率的光学和雷达图像，具备全天候飞行作业的能力，在洪灾、地震、冰雪雨冻等灾情监测与评估等工作中可以发挥重要的信息支撑作用。

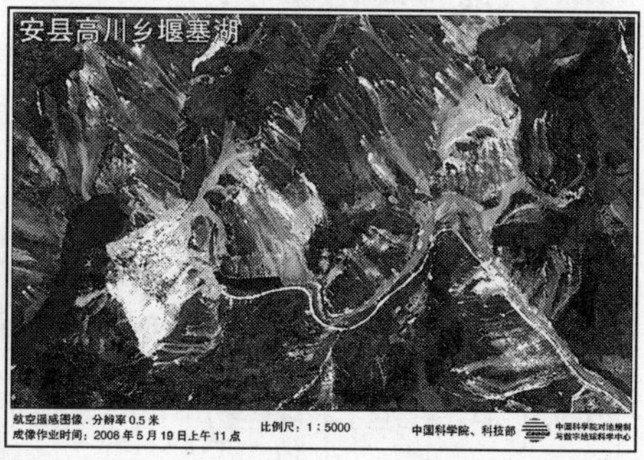

图1　中国科学院的航空遥感飞机及其所拍摄的滑坡与堰塞湖等灾情

“5·12”汶川地震发生后，灾区通讯中断，地面道路交通严重堵塞破坏，灾情分布状况、灾情程度等信息极度缺乏，迫切需要航空遥感信息的有效支撑。中国科学院急国家所急，急灾区群众所急，院领导亲自指挥部署，紧急调集雷达和光学遥感设备，并请示国务院批准，于14日早晨派出两架高空遥感飞机飞赴灾区，至6月上旬返回，共飞行40多架次，200多小时，覆盖面积约14万平方公里，获得大量的高分辨率遥感数据，为评估房屋倒塌、滑坡、泥石流、塌方、断路、堰塞湖等灾害损失提供了第一手的重要资料，为科学决策、快速反应提供了有利的技术支撑。

在这次救灾行动中，政府、部队与中央各有关部门、单位和社会企业团结协调，相互合作，无私奉献，主动高效，自觉形成了一些有效的沟通机制。在遥感信息应用的过程中，除了在中国科学院内部成立了由机关和7个研究所参加的工作组以外，还从一开始就与科技部互通信息，逐步协调约13个部委几十家单位，建立了卫星与航空遥感数据的集中、共享与灾情会商机制。

这些救灾成就的取得，既得益于我国30年改革开放的长期国力积累，同样得益于长期实行科教兴国战略所形成的科技积累，才能在关键时刻有效集成，付诸实用。但是，大灾也暴露出我们缺少应对灾害的有效应急体系，更显示出我们的许多救灾决策缺少对现代科技手段及其作用的认识。总体而言，几乎每一项有效的先进救灾技术都是科研单位主动请战，先行组织，也几乎每一项重要的技术措施都会因为需要高层协调而比预期拖后一天甚至数天才能见效。由于缺少会商协调机制和通畅的正式渠道，有些部门只能临时从各相关研究单位调集专家，既分散了力量，又没有足够的信息与技术平台的支撑，对解决救灾中的重大问题作用有限。事实证明，最终有效的还是围绕救灾的实际需求，通过科学的技术力量组合和有力的组织形成的团队，才能在关键的时刻、就关键的问题发挥关键的作用。

大灾在再次暴露出我们的电力、通信、道路等基础设施缺少应对大灾的设计与能力的同时，更暴露出我们的科技应急装备与实际需求的差距。以遥感监测为例，除了中科院的两架遥感飞机是二十多年前进口的以外，机上几乎没有配备任何固定的遥感设备，所有的雷达与光学遥感设备都是临时从别处调用的，其中的光学设备还是连天加夜从太原紧急调运北京的，数据处理系统更是临时拼凑的，从可靠性、时效性等方面都不能满足应急救灾的需要。

《科学时报》在2008年7月7日刊登的一篇文章中这样写道[3]：

“震后反思，从善意的求全责备出发，遥感技术本可以发挥更大的作用。让许多遥感专家感到痛心的是，在灾后救援的‘黄金72小时’，遥感没能发挥出全部威力。甚至从技术的角度上讲，如果在5月12日当天下午天气晴好的情况下出动遥感飞机，将会争取到更多的生命救援的时间。

原因或许在于，在1995年制定、目前依然有效运行的《破坏性地震应急条例》，通篇7章39条中未提到‘遥感’二字。在应急状态下，按此条例运行的救援部署，自然无法在第一时间为遥感技术的应用提供可能。

‘实际上，在无准备的情况下，从调动人员、检查飞机、装备仪器到申请空域、协调飞行等一系列问题，都需要时间。而在像汶川大地震这样的巨灾面前，时间就是生命！’童庆禧表示。”

图2 国务委员刘延东同志在全国人大副委员长、中国科学院院长路甬祥等同志陪同下视察中国科学院“汶川地震灾区遥感监测与灾情评估工作组”现场

航空遥感应急系统在汶川地震救灾中的应用实践表明，国家有关部门应进一步协调明确对遥感技术的建设和调用责任，

加强突发重大事件致灾机理多学科交叉研究，论证提出应对突发事件的技术需求，尽快形成遥感应急救灾的能力，实现航空与卫星与地理等多种数据源的快速融合、相关部门和单位的共同参与、行政决策与技术支撑的相互支持，使得遥感飞机能够在重大灾情发生后 1 小时内起飞，3～5 小时就能够获取数据，5～8 小时就能进行综合分析处理给出相关信息，为国家有关部门提供决策支持。

2　宽带无线多媒体应急通信系统

在“5·12”汶川地震的救灾行动中，率先进入灾区并发挥了重要作用的宽带无线多媒体应急通信系统是一种融合了广播和通信的宽带无线移动互联网，使用广播频段频率，可以实现高速移动的多媒体接入服务，单基站可覆盖 $100km^2$ 的地域范围，可支持 70Mbps 的高数据率传送和 120km/h 的移动速度，能够组建大到覆盖一个地区，小到一个村庄的不同规模网络。多媒体信息的传送可以通过地面无线中继、卫星、系留气球、无人机以及光纤等手段，应急电源可以使用汽油发电机、充电电池、太阳能甚至风力发电系统，1～2 小时即可布设完成，并可配备于单兵、车载、无人机等多种载体。

“5·12”地震发生后，该项技术的牵头研发单位中科院上海微系统所于 5 月 13 日晚即主动向院里请战，要求将其与声学所、计算所共同最新自主研发的应急宽带无线通信技术系统用于建立重灾区无线通讯网络。接到报告后，我院立即与灾区抗震救灾指挥部联系，并应绵阳抗震救灾指挥部的紧急求援，派出 20 多人的技术队伍，奔赴受灾严重的北川灾区，架设了无线通讯网络，成功实现了指挥部与观察点、救援点和新闻站之间的宽带连接和现场视频传输。之后，我们又相继在安县、平武、青川等灾区架设了无线通讯网络，在4个县共投入5台基站、30台移动终端、3套卫星设备、近20台发电机及相关配套设备，使指挥部能够实时了解灾情和救灾现场状况，在抗震救灾指挥和人员搜救工作中发挥了关键作用。特别是青川6.4级强余震发生后的几个小时内，该系统成为青川灾区与指挥部联络的唯一通讯通道。同时，前线有关新闻媒体也通过该系统迅速就地发布新闻，使全国和全球能第一时间了解当地灾情和救灾进展。

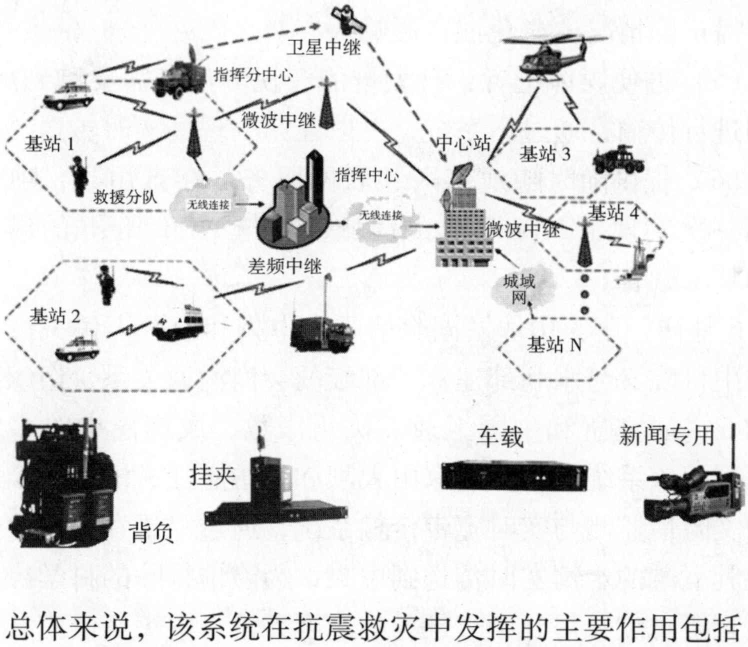

图3　宽带无线多媒体应急通信系统网络结构原理图

总体来说，该系统在抗震救灾中发挥的主要作用包括：

（1）实现救灾工作的远程多媒体指挥：可以通过本系统全方位多角度获得救灾现场的音视频信息，还可以将多个救灾现场多媒体信息同时传输到各级指挥部，使指挥部可以直观、集中、全面地快速了解救灾现场的工作情况，方便指挥部及有关专家评测决断。

（2）建立上情下达下情上达的有效途径：使灾区可以尽快了解中央的决定，以及全国人民对灾区的支持；也可以使灾区情况直观快速地传输给党中央国务院和全国人民。

（3）方便各类救灾机构：如：消防、武警、医疗、卫生检疫等对外的信息联系，很多时候话音、短信不能直观反映问题的全部，必须通过音视频和大量文字才能说清楚问题，而这些信息的传递必须通过宽带网络。

（4）占领舆论阵地：灾区内部存在严重的信息不对称，容易谣言四起，各受灾点是一个信息孤岛，通过本系统可以快速传播正确情况，避免谣言影响人心。

（5）方便媒体记者：有大量的音视频信息需要跑到成都、绵阳进行传输，通过本系统，可以在第一现场实时传送。

（6）提供随时随地接入互联网服务；在青川县，项目组还第一次实现了 MiWAVE 的广域覆盖与 WiFi Mesh 的局域接入的技术融合。

6 月初，唐家山堰塞湖险情成为中央和全国人民关注的热点，中科院又与水利部建立了部级的会商沟通关系，组织科学院的 6 个研究所和中国卫通、杭州华数、成都建中等多家企业，利用该系统建立了唐家山大坝和下游湔江、涪江 4 个断面的水文险情监测与实时宽带传输系统，通过卫星和专网将唐家山及其下游的水情实时传送到中央，为险情排除的科学决策做出了重要贡献，得到中央领导的高度评价，中央及政府有关部门充分肯定其作用。在险情排除后四川省和水利部发给科学院的感谢信中特别指出，“在堰塞湖应急处置的关键时刻，你院江绵恒副院长亲临现场与我部陈雷部长会商，并迅速组织……特别是上海微系统所快速架设堰塞湖远程宽带视频监视系统，提供实时监控渠道，在监控工作中发挥了中坚骨干作用……为防范堰塞湖次生灾害发挥了重要的科技支撑作用”。

图4　唐家山堰塞湖大坝前的一个监测节点及其所传送的险情排除实时图像

3　几点建议[4]

前事不忘，后事之师。在汶川地震的抢险救灾工作取得很大成绩的同时，亦有必要认真总结科技救灾中的经验和教训，进一步完善我们国家的科技救灾应急体系，为此建议：

（1）科学前瞻，统一认识。国家各部门有必要进一步明确，在重大的灾害面前，现代科技是有效的救灾手段，特别是在信息、通信等方面，科技有其不可替代的优势。要让大家知道，现代战争是信息先行，而不是粮草先行。

（2）综合协调，统一部署。中国科学院作为科技国家队，既是许多重要、先进技术手段的研发源头，也充分了解国内外科技发展与应用的相关信息，对院内外的科技资源及分布了然于胸，关键时刻能够有力组织和集成各方面的力量。在这次的抗震救灾中，中科院与科技部一起，在遥感监测、灾情评估、次生灾害预警监测、无线宽带多媒体监测与通信、卫生防疫、心理干预等方面均发挥了很好的作用，希望国家有关部门在救灾应急体系建设中，将中科院等科技部门纳入决策过程中的技术支撑系统，并建立畅通的应急信息渠道。

（3）加强支持，有效集成。充分利用这次大灾中已经形成的分工协调、合作共享的体制机制，仍以遥感技术为例，在平台装备、信息获取、信息整合与存储、信息共享与分发、信息处理等方面，有选择地支持各优势单位的科技平台建设，建成比较齐整配套、随时待命的应急装备，形成快速反应的科技救灾机制，以便在国家急需的时候能够拿得出，用得上。

致　谢

作者衷心感谢在“5·12”汶川地震中为科技救灾做出重要贡献的中国科学院各部门、单位和个人，感谢政府和军队各级领导在救灾行动中所给与的支持和帮助。特别感谢中国科学院对地观测与数字地球中心郭华东主任、上海微系统与信息技术研究所封松林所长、卜智勇研究员等同志在相关技术发展和应用中的杰出贡献。

参考文献

[1] 胡锦涛. 在中国科学院第十四次院士大会和中国工程院第九次院士大会上的讲话. 2008-06-23

[2] 中国科学院党组. 创新为民　科技救灾. 求是，2008（12）

[3] 李晓明. 巨灾呼唤完善遥感应急体系. 科学时报，2008-07-07

[4] 田静. 充分发挥现代科技的作用，建立科学有效的应急救灾体系. 在全国政协第十一届二次常委会上的发言，2008-07-02

促进中国应急管理体系的建构与完善

国务院参事
国家减灾委员会专家委员会副主任　闪淳昌

由于特有的地质构造条件和自然地理环境，中国自然灾害的种类多、频度高、分布广、预测难、损失大；而且我国安全生产、环境问题形势严峻，公共卫生、交通运输等事件仍然威胁着社会公众的安全，影响国家安全和社会稳定的因素依然存在。亟待建立健全社会预警和应急体系，提高政府应对突发事件和风险的能力。

通过对突发公共事件进行分类、分级，制定突发公共事件的国家、地方、部门、专项应急预案，全国应急预案体系建设取得了重大进展，但与现实需要相比仍存在一定差距。我国目前对应急管理的思想认识不足，责任制尚未落实，应急管理的一些基础工作还很薄弱，应急管理体制和机制不够健全，应急反应和快速处置能力有待提高，全民防灾意识教育相当薄弱，应对突发事件的法制不够完善。而社会应急管理应以人为本，减少危害；居安思危，预防为主；统一领导，分级负责；依法规范，加强管理；快速反应，协同应对；依靠科技，提高素质。因此建议如下。

（1）建立和完善应急预案体系。应加快应急预案的制定及完善工作，提高应急管理的风险分析能力，明确社会应急处置的责任及分工，增强应急预案的操作性、实效性，加强应急资源的普查及整合，重视应急预案的培训和演练，使应急管理深入社区、厂矿、学校、农村，形成“横向到边，纵向到底”的社会应急处置体系。

（2）提高政府的社会管理和公共服务能力。通过建立国家、省（区、市）应急管理领导机构，强化全国公安（消防）、防洪抗旱、公共卫生、抗震减灾，灾难救援、森林防护、核应急、环境监控、反恐防暴等机构力量，建立健全社会管理机制、监测预警机制、应急信息传递机制、应急决策和指挥机制、应急响应机制、公众沟通与动员机制、应急保障机制、恢复与重建机制、评估与奖惩机制、国际合作机制等运行机制，形成统一指挥、功能齐全、反应灵敏、协调有序、运转高效的应急处置体系。

（3）依法行政。须加强突发事件应对工作的法制建设，促进法律、法规、规章制度不断完善，努力使突发公共事件的应急处置走向规范化、制度化、法制化。

（4）依靠科技力量加强社会应急管理。要依靠科技力量和智慧，提高素质和装备，加强公共安全科学研究和技术开发，采用先进的监测、预测、预警、预防、应急处置技术及装备，充分发挥专家作用，提高应对突发公共事件的科技水平和指挥能力，避免发生次生、衍生事件。

（5）依靠社会力量贯彻应急管理工作。通过建立健全应急信息传递机制，坚持早发现、早报告、早控制的工作方针，依法保障公民的知情权、参与权、表达权、监督权，按照及时主动、准确把握、正确引导、讲究方式、注重效果、遵守纪律、严格把关的原则做好突发公共事件的信息发布工作；大力普及自救和救护常识，充分发挥企业、社会组织和志愿者的作用，全面动员社会力量参与防灾减灾，应急救援工作。

（6）重视对应急管理规律的认识。随着城镇化、信息化、全球化进程加快，受恐怖主义泛滥及全球气候变化加剧等因素影响，全球公共安全的发展趋势对中国应急管理工作提出了越来越高的要求。因此，应不断深化应急管理规律的认识，提高应对突发事件和风险的能力。

堰塞湖处理及灾后水利设施重建的思考

水利部副部长　刘宁

1　概述

“5·12”汶川特大地震造成水利设施损坏严重，对灾区防洪保安和供水安全产生了巨大影响。

（1）水库、水电站险情。地震造成四川、甘肃、陕西、重庆、云南、贵州、湖北、湖南等 8 省市 2473 座水库出险，溃坝险情、高危险情和次高危险情分别为 69 座、331 座和 2073 座，四川省震损水库 1803 座。地震还造成 822 座水电站受损，总装机容量 691 万千瓦，其中大中型水电站 14 座。水库、水电站险情主要表现为坝体裂缝，出现散浸、漏水现象，防浪墙断裂、防护栏垮塌；涵管震损、开裂；溢洪道底板、边墙开裂，局部倒塌，闸门拉裂或无法启闭等方面。这些水库一旦垮坝或带病带险度汛，将威胁下游人民群众生命财产安全，甚至造成震灾后的重大次生灾害。

（2）震损堤防险情。四川、重庆、陕西、甘肃、云南等 5 省市有 1057 公里、899 段堤防因地震发生损毁，其中重大险情50段、较重险情372段、一般险情477段，涉及保护区人口512.27万人。四川震损堤段500段、长722.6公里，占全省堤防总长度的14.5%，其中重大险情50段、较重险情199段、一般险情251段，涉及保护区人口421.6万人。主要险情为堤坡裂缝、脱坡、沉陷，背水侧出现散浸、漏水，穿堤涵管震损、开裂，严重漏水等。

（3）供水工程受损情况。地震共损毁供水工程7.24万处、供水管道3.65万公里，影响人口955.6万人。其中四川乡村供水设施损毁3.4万处，管道损毁2.93万公里，影响人口575.18万人。

此外，部分重要水文测报站房垮塌，观测设施破坏，测报设备损毁；农村水电站出现大坝发生渗漏、基础沉降、坝体裂缝、金属结构受损、站房倒塌、输变电线路及设备受损；灌溉引水闸、提水泵站、渠道及建筑物破损严重；部分淤地坝坝体出现裂缝、坍塌，放水建筑物被毁，大量梯田田埂垮塌，田面沉陷，蓄水池、塘坝、水窖等小型水保工程被毁。

受“5·12”汶川特大地震影响，山体滑坡堵塞河道，在一些重要江河支流，共形成一定规模的堰塞湖35处，其中四川34处、甘肃1处，蓄水容积1000万立方米以上的1处，蓄水容积100万至1000万立方米以上的21处。四川省34处堰塞湖中，极高危险级1处（唐家山），高危险级5处，中危险级13处，低危险级15处，受威胁总人口超过200万。堰塞湖如果处置不当，所造成的次生灾害可能远大于地震本身。1933年四川茂县地震使数千人不幸罹难，而震后堰塞湖的溃决，却又夺去了2万多人的生命。

在党中央、国务院的高度重视和坚强领导下，在人民解放军和武警官兵、地方各级党委政府、各有关部门以及社会各界的大力支持下，水利部举全行业之力，从全国水利系统紧急抽调水利专家、勘测设计和工程抢险人员组成80个工作组、46支应急抢险抢修队、91个设计组，调集数千台（套）大型施工机械和应急供水设备及大量防汛物资，与灾区人民一道开展了艰苦卓绝的抗震救灾工作，震区主要江河上堰塞湖排险工程基本完工、无人员伤亡，震损水库水电站无一座垮坝，出险堤防无一处决口，灾区临时应急饮水基本解决，取得了水利抗震救灾的决定性胜利。

截至7月17日，全国2473座因地震出险水库已全部降低水位运行，震区400座高危险情以上水库中已有394座完成应急除险施工，四川1803座、云南51座震损水库应急处置全部完成。四川34处堰塞湖已有17处消除险情，14处基本排除险情，2处排险降级，1处低危级正做好排险方案设计。四川495段震损堤防中累计完成应急除险457处，重大险情震损堤防全部完成应急处置。震区累计抢修恢复原有水厂和修建临时供水工程6726处，累计抢修恢复原有供水管道、铺设临时供水管道36717.1公里。

2　堰塞湖处理

2.1　堰塞湖的形成和初步分级

中国山丘区面积约占国土面积的三分之二，并且具有暴雨区与地质灾害易发区相重叠的特征，极易受到地震、强降雨等影响造成滑坡、泥石流等灾害。堰塞湖是因地震、山崩、滑坡、泥石流、冰碛或火山喷发的熔岩和碎屑物堵塞河道后贮水而形成的湖泊。

在这次水利抗震救灾中，我们重点关注的是重要江河上、影响比较大的堰塞湖，有以下几个判别条件：

堰塞体高度不低于10m；

堰塞体上游集雨面积不低于$20km^2$；

堰塞湖库容不小于10万m^3；

堰塞体完全阻塞河道；

堰塞体溃决失事将造成人员伤亡。

此外，在深山区支流上也产生了一批规模不大的堰塞湖，没有纳入这次堰塞湖统计范畴。如四川省震后共形成大大小小堰塞湖104个。

同时，对堰塞湖的危险等级进行了如下划分：

溃坝险情（极高危险情）：指堰塞体坝高超过80米，堰塞湖最大库容超过1亿m^3，堰塞体组成土沙较多，并且下游威胁地区有县级以上或重要的设施，人口密集，短期内有可能溃决的险情。

高危险情：指堰塞体坝高在50m到80m，堰塞湖最大库容在1000万m^3到1亿m^3之间，堰塞体组成为土含大块石，并且下游威胁地区有乡镇以上或较为重要的设施，人口比较密集。

次高危险情（中、低危险）：指堰塞体坝高小于50m，堰塞湖最大库容小于1000万m^3，堰塞体组成为土含大块石或大块石为主，并且下游威胁地区有村社和居住人口。

2.2 堰塞湖处理的特点和难点

堰塞湖与人类为兴水利而修建的水库大坝完全不同，其主要险情表现为壅高水位，影响河道水流正常下泄，并形成危险松散土（石）体，随着蓄水量的逐步增加，水位抬高，极易垮塌，形成类似溃坝灾害。

堰塞湖处理的特点和难点主要有：

一是堰体结构不明，基础资料缺乏。堰塞湖堰塞体一般是山体等滑塌下来的散离体，经过高速滑动和巨大挤压后，形成的堰体结构存在很大的不确定性。既无时间也无条件进行钻探、现场原位试验和室内试验等常规测试项目，短时间内只能凭肉眼表面观测，根据工程经验对堰塞坝的物质组成和力学性质进行大致的推断，给处理带来极大难度。

二是堰体溃决可能性大，危害严重。由于堰体堆积物组成复杂，结构稳定性判断异常困难。据统计，如不采取人工除险措施，地震形成的堰塞湖由于遭受较大洪水引起溃决的概率达到了93%。许多堰塞湖“坝”高、“库”大，河流水量大，一旦堰塞坝在水位很高时溃决或漫溢引发堰塞体在短时间内溃决，溃坝洪水将造成下游大面积淹没，严重威胁下游群众生命财产安全，同时也会对下游河道和两岸造成严重冲刷和破坏。

三是水文气象预报难度大，留给处理时间紧迫。堰塞体堵塞河道，水量无法下泄，堰塞湖水位不断上涨，加上山区气候变化无常，水文气象预报的难度很大，如果再遭遇汛期强降雨，预报洪水叠加高水位，将会带来巨大的溃决风险，因此只能从最不利的来水情况出发，这样，留给方案制定、施工准备与实施、人员转移的时间非常紧迫，也给施工进度安排带来很大难度。

四是施工条件恶劣，周围环境危险。堰塞湖一般地处高山偏远区，交通极为不便，往往没有陆路运输条件，完全依赖空运，而空运随时面临雨、雾、风等天气原因而临时中断的风险。施工现场极为狭窄，工程处理措施难度极大。同时，施工可能面临余震、滑坡和堰塞体突然溃决的危险，有时还要克服严重的高原反应，施工人员安全时常受到威胁。

五是需要结合工程和非工程措施进行处理。堰塞湖处理仅靠工程措施往往无法达到抢险救灾的目的，减灾措施应工程措施和非工程措施并举。非工程减灾措施包括受灾害威胁范围计算和调查，下游群众转移避险安置，监测预警预报以及恢复、重建方案等。

另外，堰塞湖一般地处偏远，要采取妥善处理措施，以避免引发民族问题和国际纠纷等。

2.3 堰塞湖处理的核心理念、基本原则、方式和方案

堰塞湖处理的核心理念：

（1）以人为本，确保人民群众生命安全。

（2）充分利用自然力量排除自然灾害。

堰塞湖处理的基本原则：

（1）“安全、科学、快速”。

（2）工程排险与人员避险相结合。

（3）用先进监测技术及时预警预报。

（4）尽可能减少财产损失，尽快使群众生活安定。

在堰塞湖的处理上，要根据不同堰塞湖特殊条件，迅速制定一套操作简单但又快速有效的减灾措施，尽最大可能减少堰塞湖蓄水，确保下游群众和施工人员生命安全，减轻对堰塞体上游地区的淹没损失，减轻溃决洪水对下游河道和河岸的破坏，减小发生重大次生灾害的几率。要根据堰塞湖的不同性状，确定其处理方式。具体来说，可能有以下几种：

一是自然溃决。不采取工程措施，等待湖水上涨漫顶，将堰塞体冲溃。这种方式适用于较小的堰塞湖，堰塞体方量小，蓄水量不大，冲溃对下游影响小，或是没有时间、没有条件进

行工程除险，只能自然溃决。对于这种堰塞湖一定要分析计算其溃坝影响风险，从最不利的条件出发，做好监测预警预报，组织好下游群众转移避险。

二是爆破除险。采用钻孔爆破的方式把部分堰体炸掉，使湖水通过炸开的缺口下泄。这种方式适用于两岸山体较稳定，堰塞体方量小，不具备大型机械施工条件或时间紧迫，来不及施工除险，同时对下游威胁较大的堰塞湖。在进行爆破除险时，一定要及时通知预警下游群众避险，同时也要防范新的地质灾害发生。

三是围坝蓄水。采取护坡、防渗等手段加固堰塞体，保留上游堰塞湖，等待汛期过后、具备条件时再进行处理。这种方式适用于堰塞体结构比较稳定、坚固，判断堰顶过水不会冲垮堰体，或是堰塞体方量很大，湖水短时间不会漫溢，可以从容进行处理。对于前者，要立足最坏可能，防止堰塞体万一溃决对下游的影响，做好人员转移；对于后者，则要仔细研判，监测水位变化、堰体变形和渗流等，做好预警预报，同时可采用倒虹吸等手段降低蓄水位。

四是开渠引流。在堰塞体顶部合适位置开凿泄水渠道，通过溯源冲刷，逐步扩大过流断面加速泄流，降低溃坝水头、水量与流量，削弱水流破坏力，达到减灾目的。由于堰塞体地质条件的差异，这种处理可能会造成两种结果，一种可能是湖水通过渠道下泄后，逐渐把堰体全部冲溃，另一种比较理想的状态是，湖水通过渠道进行深槽冲刷，大部分堰体未被冲塌，避免突溃灾害，最终形成相对稳定的新河道。这种方式适用于有一定的处理时间，具备大型机械施工条件，溃决影响重大的堰塞湖。对于这种处理，还要结合一系列非工程措施，确保下游群众安全。唐家山堰塞湖、易贡藏布堰塞湖的处理都属于这种方式。

五是天然留存。不采取任何工程措施，等待湖水上涨漫顶过水。这种方式适用于堰体坚固、堰顶过流后不会溃决的堰塞湖。对于这种堰塞湖也要尽可能分析计算其溃坝影响风险，做好监测预警预报，防止不利情况发生。

堰塞湖处理的方法多种多样，总体来说在制定处理方案时要争取规避恶劣工况，实现最佳效果。尽量在洪水到来前完成处理任务，避免洪水与堰塞湖高水位叠加，造成垮坝风险；要根据堰塞体地形地质条件，因势利导、顺势而为；要制定多种目标方案，确保目标与争取目标应具有动态调整的余地；工程措施应方便快速施工；实现最低的工程除险目标应有预备措施保障。为应对不可预见因素的影响，当计划实施方案遇到困难时，应能迅速改用预备方案，以免影响除险目标的实现。

为安全、科学、快速处理堰塞湖，首先要采取各种可能的手段如航拍图片、卫星图片等对堰塞湖进行分析研判，有条件的要组织技术人员到现场勘查或乘坐直升机进行空中观察，尽可能摸清堰塞体的地形地貌、地质构成、堆积规模、蓄水水位水量和周边环境等，初步研判堰塞体的安全稳定性。对于具备工程除险条件的堰塞湖，要迅速组织专家和技术人员，在现场勘查和有限资料的基础上，分析堰塞体地形地貌，根据专家丰富的工程经验对堰塞坝的物质组成和力学性质进行大致的推断，综合考虑交通运输条件、工地周边环境、工期等，在有限的时间内，制定工程除险的方案和人员转移避险方案，要根据具体情况或应对突发情况，制定多套施工方案。

工程除险方案主要包括开挖泄流渠或排水涵洞（管），爆破堰体，堰顶泵排、倒虹吸抽排水等，具体工程方案往往是上述几种处理方案的结合。对于开挖泄流渠方案，要立足堰塞体的地形地质条件，遵循因势利导、便于施工的原则，来设计泄流渠，科学选择渠线的位置，确定渠道的深度和形状。为促使尽早过流，限制库水位的上升，一般泄流渠设计断面呈窄深状，以便充分利用水流的挟带能力，逐步扩宽切深断面，应尽量选择最不利于蓄水瞬间集中下泄的方法开挖。要综合考虑各种因素来确定施工组织方案，包括施工安全措施预案，施工管理规定，漂浮物处理方案，紧急情况处置预案及施工人员、设备撤退方案等。鉴于设计方案建立在有限的地质资料和水文雨情预报基础上，在施工过程中，要根据实际揭露的地质条件和实际达到的施工能力，对施工方案进行动态调整。

在制定工程除险方案的同时，要及时制定下游避险预案。为满足确定人员避险影响范围需要，要进行多种方案的溃坝洪水计算，确定不同溃决方式下游影响范围和需要转移的人员，从而配合地方政府制定下游避险预案，做好人员转移避险工作。与此同时，建立堰塞湖监测点，对堰塞体上游流域气象、水文、地震及堰塞体变形实施 24 小时监测，配备可靠通讯工具，建立预警机制，及时发现险情征兆并发出预警信息。建立水雨情预测预报体系、远程实时视频监控系统、坝区安全监测系统、坝区通信保障系统、专家会商决策机制等。

2.4 唐家山堰塞湖处理

在汶川大地震形成的 35 个堰塞湖中，唐家山堰塞湖是影响最广、险情最重、排险最难的堰塞湖，直接威胁下游 100 多万群众的生命安全。堰塞坝体体积 2037 万 m^3，顺河长约 803m，横河宽最大约 611m，平面面积约 30 万 m^2，坝高 82 ~ 124m。堰塞湖上游集雨面积 $3550km^2$，堰塞湖库容 3.16 亿 m^3。

应急处理方案。（1）充分考虑堰塞体的成因、地形地质和水文条件，确定泄流渠位置，在坝体右侧垭口软硬结合处开挖泄流渠，确定了“入口低坡、中段平底、岩槽锁口”的渠型，以期达到“方便施工、溯源冲刷、固左淘右、不溃少留”的效果。（2）针对施工效率的高低和湖内来水的不同，设计了渠道开口线相同、三个不同的渠底高程目标方案，同时根据天气和来水形势，还设计了爆破方案备用。使施工采用动态设计，根据气象水文预报，结合地质地形条件，不断调整设计和施工方案。（3）在施工方式上，采用“疏通引流，顺沟开渠，深挖控高，护坡镇脚”以及“挖爆结合，先挖后爆，平挖深爆，以爆促挖”。实际施工中，由于泄流渠开挖处沙和土较多，爆破作用不大，加上炸药容易引起新的崩塌，最终只使用了少量爆破。（4）进行溃坝洪水推演，科学评估溃坝风险。根据不同溃坝模式演算的洪水过程和风险评估成果，制定了1/3、1/2 和全溃方案，对 1/3 溃坝影响范围内的人口 20 多万人进行了提前转移。（5）充分利用科技手段。建立水雨情预测预报体系、堰塞坝远程实时视频监控系统、坝区安全监测系统、坝区通信保障系统、防溃坝专家会商决策机制。

施工排险过程。5 月 25 日开始，武警水电部队连续奋战 7 天 6 夜，开挖完成了一条总长 475m、进出口段高程分别为 740m 和 739m 的泄流渠。因预报的强降雨没有发生，原预计的洪水过程也没有来，抢险人员再上唐家山，实施消阻、扩容、清漂。解放军副总参谋长葛振峰上将主动请缨，连续 5 天 4 夜驻守堰顶，陈雷部长、矫勇副部长、长江委蔡其华主任和成都军区、武警部队官兵共同一线奋战，通过小剂量爆破消除局部阻水岩石，清除漂浮物，为湖水顺利下泄创造了有利条件。6 月 7 日 7 时开始过流，10 日 11 时最大下泄洪峰流量 $6500m^3/s$，至 11 日 14 时，堰塞湖水位降至 714. 13m，与最高水位相比下降了 28.59m，相应蓄水量从 2.466 亿 m^3 降至 0.861 亿 m^3。经过水流的冲刷，泄流渠形成长 600m、开口宽度 145～235m、底宽 80～100m、泄流渠进口端底板高程 710m、出口端底板高程 702m 的新峡谷型河道，唐家山堰塞湖险情排除。

泄流后剩余堰塞体主要由结构较密实的巨石、孤块碎石组成，抗渗透破坏和抗冲刷能力较强，抗滑稳定性较好，堰塞体受力条件大幅度改善，整体稳定，虽有发生局部垮塌的可能，但不会发生溃坝。泄流渠过水冲刷形成新的峡谷型河道，已经过大流量过流检验，断面基本稳定，不会造成堵塞断流和影响行洪能力。

堰塞湖泄流过程证明，泄流渠引流效果良好，有效控制了湖水下泄过程，确保了人民群众的生命安全，避免了大的损失，达到了预期中的最佳效果。实践证明，唐家山堰塞湖应急处置工作符合“主动、尽早，排险与避险相结合”的原则，体现了“安全、科学、快速”。国务院抗震救灾总指挥部发来贺电，称赞这是世界上处理大型堰塞湖的奇迹！

2.5 唐家山与易贡藏布堰塞湖的比较

2000 年 4 月 9 日，受气温转暖、冰雪融化及地质等因素的影响，西藏自治区波密县易贡乡札木弄沟源区发生巨大山体滑坡，形成长达 4.6km，高达 60～110m 的近喇叭状天然坝体，完全堵塞了易贡藏布江。滑坡形成的堆积方量约 3 亿 m^3，垂直落差达 3000m，水平最大运距约 8500m，最大速度达 44m/s 以上。滑坡体体积、规模、滑程居世界第 3 位，仅次于加拿大道宁滑坡和意大利瓦伊昂滑坡。

比较唐家山和易贡藏布堰塞湖，在成因、地质构造、滑坡机理、影响范围以及应急对策等方面都各不相同、各具特点，但通过各方面的努力，都成功避免了更大灾害的造成。

在成因和地质构成上，唐家山是地震造成山体滑坡，堵河成湖，堰塞体主要是碎裂岩、碎石土及含泥粉细砂，堰体相对抗冲稳定；易贡藏布则是由于积雪融化和降雨造成巨大山体滑坡，堵江成湖，堰塞体70%以上为细粒土，抗冲性较差。

在量级和影响范围上，唐家山堰塞体方量和蓄水量远小于易贡藏布，但唐家山堰塞湖影响人口100多万，易贡藏布只有数千人。

在施工条件和环境上，唐家山陆路水路阻断，只有依靠空中运输，施工现场受到余震、滑坡滚石的威胁；易贡藏布位于海拔3000m的高原，陆路交通虽极为不便，但仍能运输设备和物资，施工人员要克服严重的高原反应。

在施工方法和工程量上，唐家山和易贡藏布都采用了在堰塞体上开挖出泄流明渠的方案。唐家山主要采用大型挖掘机、推土机施工，经过7天施工，完成方量13.55万m^3，最大下挖了13m；易贡藏布采用了推土机、引水冲刷和手风钻钻孔爆破解石相结合的施工方法，经过33天的艰苦施工，共开挖土石方135.5万m^3，渠道下挖24.1m。

在实施效果上，通过开挖泄流渠，唐家山降低了12m过流水头，减少了近1亿的可能存蓄水量，如不采取工程措施，预计右坝前水位可达752.20m，相应库容3.16亿m^3，堰塞坝将出现漫顶快速溃坝；易贡藏布由于渠道开挖降低溃坝洪水水头18.16m，估算减少溃坝库水水量约10亿m^3，减少成灾水量约1/3，同比条件分析，在通麦大桥处，实际溃坝洪水流量12.2万m^3/s；若不实施减灾工程措施，则在通麦大桥处溃坝洪水流量将达24.2万m^3/s，破坏力将增加一倍。

主要指标	唐家山	易贡滑坡
形成原因	地震	积雪融化和降雨
堆积物组成	碎裂岩、碎石土及含泥粉细砂	70%以上为细粒土
滑坡堆积方量	2037万m^3	3亿m^3
形成堰塞湖库容	3.16亿m^3	30亿m^3
溃坝影响人口	100多万	数千人
交通条件	无陆路运输条件，完全靠空运	海拔3000m以上崇山峻岭中，交通极为不便
处理方案	引流预泄：开挖泄流明渠	引流预泄：开挖泄流明渠
施工方法	大型挖掘机、推土机	推土机、引水冲刷和手风钻钻孔爆破解石相结合
施工时间	7天	33天
施工方量（土石方）	13.55万m^3	135.5万m^3
工程处置效果	降低了12m过流水头，减少了近1亿的可能蓄水量	降低了18.16m溃坝洪水水头，减少了约10亿m^3可能蓄水量
下泄洪峰流量	6500m^3/s	12.4万m^3/s

2.6 堰塞湖处理的经验

对唐家山等堰塞湖险情的成功处理表明，只要处理及时、得当，堰塞湖的风险同样是可以控制的。当然，我们应该从唐家山等堰塞湖险情处置中总结经验，科学规划城镇与重大基础设施布局，加强预测预警，完善应急机制，做到科学、有序、从容应对。

总结堰塞湖的处理经验，主要有以下几点：

（1）科学合理的设计施工方案是取得成功的基础。堰塞湖处理充分考虑堰塞体的成因、地形地质条件、水文条件，充分利用自然力量，发挥水流挟带冲刷作用，因地制宜地制定设计施工方案。尤其在唐家山堰塞湖处理中，开渠引流，通过溯源冲刷逐步扩大过流断面加速泄流，泄流渠引流效果良好，有效控制了水流下泄时间，避免了突然溃决的灾害。

（2）强有力的组织指挥和各方的协同配合是取得成功的关键。党中央、国务院领导高度重视堰塞湖的处置工作，在处理唐家山堰塞湖过程中，胡锦涛总书记、温家宝总理亲自指挥，主持研究制定应急处置方案，确定了安全、科学、快速和确保无一人伤亡的处置原则与工作目标。水利部主要领导始终坚守一线，地方政府层层落实人员转移避险责任制，实行预警预报机制。气象、地质、环保、卫生等部门以及中科院等科研单位全力给予配合，基层干部做了大量艰苦细致的组织协调、人员安置和思想政治工作，下游沿线群众顾全大局、充分理解、积极支持转移避险工作。

（3）组织有坚强战斗力的施工队伍是取得成功的重要保障。在堰塞湖处理过程中，解放军指战员、武警部队官兵都发挥了突击队的作用，克服气象恶劣、地形复杂等重重困难，开辟空中专用通道，运送大批抢险人员、大型机械设备和食品、物资、燃料等，短时间内完成了艰巨的施工任务。

（4）先进科学技术的充分运用和专业技术人员的倾力投入是取得成功的关键支撑。堰塞湖的成功处理，凝聚着水利、气象、地质、信息等领域专家和技术人员的心血和智慧，检验了水利科技的支撑能力和水平。这一过程中，一大批专业技术人员和科技人员，在一线开展险情排查、风险评估、水文监测、临时抢护、应急除险等工作，建立了专家会商机制，汇集水利等各个领域专家智慧，综合运用多种先进技术手段，深入查勘研判，科学分析论证，全面系统评估，为堰塞湖的成功处理提供了关键技术支撑。

此外，寻求国际合作也非常重要，在唐家山堰塞湖应急处置过程中，俄罗斯政府发扬人道主义精神，派出米－26大型运输直升机，无偿支援唐家山堰塞湖工程排险，发挥了重要作用。

3 灾后水利设施重建

3.1 基本情况

水利部对水利灾后重建规划编制工作高度重视，5月12日当晚，即明确设定灾后重建小组，负责落实应急修复资金，组织编制震损水利工程灾后重建规划。同时，迅速组织对各受灾地区上报的水利设施灾情认真审核和反复讨论，基本摸清了水利设施震损情况，确定了水利设施灾害损失评估方法、灾后重建主要内容以及投资估算方法，为规划编制工作开展奠定了良好的基础。之后，水利部与四川、甘肃、陕西省充分沟通协商，在规划编制工作的指导思想、基本原则、规划范围、主要任务和组织形式等方面达成了一致意见，已提出并向国务院抗震救灾总指挥部报送了《汶川地震水利灾后重建规划工作方案》和《汶川地震水利灾后重建规划编制大纲》。

按照“灾后重建规划编制以地方为主，中央各部门予以支持和帮助”的要求，四川、甘肃、陕西省分别组织成立了水利灾后重建规划编制组，具体负责规划编制各项工作。水利部已组织成立了水利灾后重建规划咨询指导组，具体负责规划编制过程中的技术咨询、指导和各项规划成果审查审定的组织工作。目前，四川、陕西、甘肃3省已基本完成规划编制工作，四川省水利灾后重建规划已通过了水利部组织的审查。

《汶川地震四川省水利灾后重建规划》显示，受灾区域涉及四川省除攀枝花市外的其余 20 个市（州）共 140 个县（市、区），占总数的 77.3%。严重受灾地区涉及 13 个市（州）共 51 个县（市、区）。四川省共 159 个县（市、区）水利设施出现震损。规划的重点是严重受灾的 51 个县（市、区），适当考虑一般受灾的 89 个县（市、区），兼顾其它有震灾损失的 19 个县（市、区）。规划总投资 447.2 亿元，其中应急抢险投资 23.27 亿元（已下达），灾后重建投资 423.93 亿元。

3.2　灾后重建指导思想及基本原则

水利灾害重建工作的指导思想是：

认真贯彻党中央、国务院对灾后重建工作的总体部署，切实贯彻落实科学发展观，针对水利设施震损实际情况，在深入研究、论证的基础上，统筹考虑防洪安全、人民群众生活用水以及恢复生产等各项需求，充分利用现有各类水利规划成果，结合水利工程自身特点，确保受损水利设施灾后重建工作顺利开展。

在灾后重建工作中，要注重把握以下基本原则：

一是科学评估、全面规划。科学评估水利设施灾情，全面分析受损工程突出问题，深入开展论证工作，结合现有水利规划，按照灾后重建工作的总体要求，对水利基础设施灾后重建进行全面规划。二是突出重点、统筹兼顾。按照“先应急，后重建；先除险，后完善；先生活，后生产”的原则，以解决好防洪安全、乡（镇）村群众饮水困难等突出问题为重点，统筹兼顾各类受损水利设施的灾后重建。三是相互衔接、远近结合。做好灾后重建规划与现有各类水利规划的衔接工作，远近结合，统筹安排好灾区水利建设任务。

3.3 灾后重建主要内容

水利工程对灾区防洪安全、供水安全具有重要作用，同时其自身工程特点要求在主汛期前首先要保证工程本身的运行安全。为此，水利灾后重建工作分为应急修复和灾后重建两个阶段，实施期为2008~2010年。

应急修复阶段的目标是确定2008年主汛期前的工程应急修复目标和主要任务，确保水利工程度汛安全，为灾区提供基本生活、生产水利条件；灾后重建阶段的规划目标是结合灾后重建的总体要求，充分考虑灾区生活和生产对水利的需求，以及在建水利设施顺利完成建设任务的要求，确定3年灾后重建目标和主要任务，全面恢复震前水利保障体系，加快在建工程建设步伐。

根据水利设施震损实际情况，水利灾害重建主要建设内容包括水库工程、堰塞湖及河道淤堵处理工程、堤防工程、乡村供水设施、水文水资源设施、灌排水利设施、农村水电设施、水土保持设施、防灾减灾信息化工程及其它共10大类水利设施的应急修复及灾后重建。

在灾后重建工作中，要充分利用现有规划成果，从保证满足灾后重建整体工作对水利的需求出发，统筹考虑各类工程因震造成的新增建设内容和原有规划建设任务的关系，重点考虑近3年的灾后重建任务，将相关建设项目从原有规划中转入本次灾后重建规划实施。

3.3.1 水库工程

针对存在溃坝和高危险情的水库，应及时采取工程措施和非工程措施进行应急抢险修复。应急工程措施主要包括：大坝土方开挖回填、灌浆处理；涵管沙砾石回填及设置反滤层，对涵管进行翻修或拆除重建；溢洪道底板、边墙修补；更换修理受损闸门等金属结构；开挖降低溢洪道底板或加大溢洪道宽度，增加泄量，降低库水位等。非工程措施主要包括加强巡视检查和监测，加大水库泄量、降低库水位、迅速转移下游受威胁群众等。灾后需要除险加固和恢复重建的水库，按照有关程序，在做好大坝安全鉴定、初步设计等前期工作的基础上，针对险情类别分别采取加固大坝、泄洪建筑物、防渗等相应工程措施，尽快开展除险加固建设，消除水库病险隐患。

3.3.2　堤防工程

对严重影响防洪安全的堤防险情采取应急处理措施。主要应急措施包括堤身、堤基土方开挖、回填；穿堤涵管沙砾石回填及设置反滤层，或对涵管进行翻修、拆除重建等，确保大堤度汛安全。加强巡视检查和监测，必要时转移保护区内受威胁群众，严防发生次生灾害。汛后尽快对受损堤防及穿堤建筑物采取除险加固、防渗处理和崩岸防治等工程措施开展灾后重建，恢复堤防工程在震前标准。

3.3.3　乡村供水设施

重灾区灾民家园破坏严重，转移撤离后，一定时期内将生活在临时集中安置区，急需建设临时供水设施或移动供水设施。灾民房屋受损较轻的，不需实施大规模转移，但供水设施遭受破坏，造成饮水困难的，急需开展应急修复。临时应急措施包括修复水源工程，采用水质净化措施，修复或更新输、配水管道，配备小型水质处理设备、临时集中供水设施、水质监测设备、消毒药品及运送饮用水设备设施等。一些乡镇和村庄在地震中各类基础设施遭到严重破坏，灾后需要进行乡镇、村庄居民安置重建规划，饮水工程应同步规划重建。对受灾严重的乡镇和居住较为集中的中心村供水工程，以及结合居民安置重建规划建设的供水工程，纳入灾后重建项目。主要包括新建水源工程，采用水质净化措施，新建输、配水管道，全面恢复灾区乡村供水设施的供水能力，保证生活和生产供水安全。

3.3.4　水文水资源设施

在对水文站、水文测报及水质监测等设施进行应急抢险处理的基础上，对于受损严重、影响汛期水文测报、影响防洪安全预警、水质安全预警的水文站、水文测报及水质监测等设施进行应急修复。应急修复内容包括临时站点布设、震损严重的水情信息采集、传输、水质监测设施设备及巡测交通工具等的修复、购置等。汛后对水文站、水文测报及水质监测等设施结合全国“十一五”水文基础设施建设规划等开展灾后重建工作。建设内容包括站房和配套生活办公设施的恢复重建、购置配备等内容。

3.3.5　灌溉排涝工程

妥善处理好受灾严重地区灌区的渠首、泵站、渡槽、骨干渠道等出现的险情，应急修复骨干建筑物和渠道工程。优先处理可以在短时间尽快修复、有效解决灾民饮水困难和恢复生产的泵站取水、输水渠道及建筑物等因震出现的“卡脖子”工程。在采取应急修复后，为全面恢复灾区灌溉排涝设施的供水排涝能力，保证生活和生产供水安全，结合相关规划适时进行灌溉排涝工程的有关建设工作。

3.3.6　农村水电设施

因震出现重大安全隐患的水利部门管理的农村水电站进行应急处理，影响生产的电网、输配电设施等进行应急修复。对受损农村水电站、电网等进行灾后重建，满足灾区正常供电和生产需求。

3.3.7　水土保持设施

对受损严重并出现险情的淤地坝采取坝体加固、损毁放水建筑物、溢洪道应急抢修等措施，确保工程安全度汛。对受损梯田、蓄水池、排灌渠道等水保基础设施进行重建或修复，确保灾区尤其是受灾山区农民具备基本的农业生产条件。

对于堰塞湖来说，第一阶段的处理完成后，堰塞体经过了较大水流的冲刷和考验，这就要判断剩余堰塞体的整体稳定性，考虑长期的综合处理措施，可能有下面几种处理方式：

一是彻底清除堰塞体。对于过流后堰塞体仍不稳定，或仍然明显壅高水位对防洪造成影响的，要考虑进一步采取工程措施，对剩余堰塞体予以挖除或爆除。

二是继续深挖扩容。对于剩余堰塞体方量较大，不易全部清除的，可进一步深挖扩容，形成较稳定、过流能力较大的深槽河道。但要制定相应监测预警方案，防止堰塞体重新垮塌堵塞河道。

三是改造为水库水电站。对于已形成深槽冲刷，剩余堰塞体和两岸山体较稳定的堰塞湖，在进行详细地质勘探工作以及深入科学论证的基础上，可将这样的堰塞湖改造为水库水电站，变废为宝。但这一处理要非常慎重，相应主管部门应从严审批，确保安全。

鉴于汶川地震对震区水利设施造成重大破坏，对灾区经济社会造成重大影响，为确保灾区防洪安全和供水安全，为灾区恢复生产、重建家园提供有力的水利保障，建议中央对水利设施灾后重建建设资金尽力予以支持。受灾地区应在优先做好应急修复工作的基础上，抓紧完成水利灾后重建规划，结合各类水利专项规划及年度水利建设任务，并考虑因震造成的新增建设内容，组织强有力的技术力量，切实加快前期工作进度，尽快组织实施水利设施灾后重建工作。

4 小 结

水利抗震救灾即将转入灾后重建阶段，在充分肯定水利抗震救灾工作的同时，更重要的是认真总结经验教训，结合国情，采取切实有效措施，提高应对特大自然灾害能力，加快完善灾害应急机制的建设，将防灾、救灾、重建等全面纳入法制轨道，完善灾害管理体系，加速相关信息管理系统建设，完善预警机制。要提高全民防灾意识，加强国际救援合作，充分发挥新闻媒体在防灾抗灾中的作用。

对于下一步水利抗震救灾和水利工作建议如下：

（1）认真总结水利抗震救灾的经验教训。在这次水利抗震救灾中，有许多值得总结的经验和教训，如在堰塞湖的处置上，我们成功处置了以唐家山为首的数十座堰塞湖，要归纳整理在安全评估、溃决洪水分析、应急处理措施、安全预案与决策等各个方面的成功经验，为今后堰塞湖的应急治理等提供依据。再如我国对高坝抗震缺乏系统深入研究，高坝经受强地震的实例极少，要抓住这次震例，深入调研总结，力争能在高坝抗震等领域有所创新和突破。

（2）进一步研究修订完善水利建设管理相关规范和标准。要充分分析这次地震给水利设施带来的影响，组织修订相关设计规范和标准，论证修订《水工建筑物抗震设计规范》的必要性，在《水工设计手册》（第二版）中也要纳入有关抗震研究的最新成果。此外，还要进一步完善目前的大坝抗震设计与抗震安全评价理论和方法，指导今后的大坝建设及地震多发区水库应急管理；研究编制有关震损水库和堰塞湖险情分类与判别、险情快速检测技术、应急监测技术、险情快速评估、险情预警分级指南、应急抢险技术、恢复重建标准、修复技术指南和应急管理指南等一系列技术标准导则和指南。

（3）大力提高监测和预警预报水平。这次抗震中暴露出我们监测和预警预报的水平还不高，今后要提高这方面的技术水平，充分利用全球定位系统、地理信息系统、卫星遥感遥测、低空精准航拍、远程宽带视频、计算机仿真模拟、三维激光扫描、水文自动测报、险情实测监测、溃坝模型演进等先进技术，提高监测和预警预报的精度和水平。

（4）进一步规范水利工程建设和管理。在这次抗震中，我们发现一些水库、水电站疏于管理、责任不清，缺乏规范管理，这里既有管理体制原因，也有监督不严的因素。因此要按照新的三定方案，进一步理顺水利建设管理体制，充分发挥水利行业指导、规范职责，保障水库、水电站的有序建设和安全运行。

（5）开展震损水库及堰塞湖风险评估与处置关键技术研究。要深入全面研究震损水库和堰塞湖在数据快速获取和解读、堰塞湖形成机理和评估、水库和堰塞湖溃决机理、洪水演进过程及影响、减灾和应急抢险应急治理以及工程对策等领域的关键技术问题，研究应急检测与监测技术、险情快速评估与排序理论和方法、应急抢险工程措施与人员避险应急预案、恢复重建与修复标准和技术，以及水库大坝震损机理与抗震减灾方法；提出地震多发区水库应急管理机制与对策，建立健全科学、高效的地震应急处置机制；建立洪水溃决风险评估指标体系，构建堰塞湖重大险情应急指挥系统。通过这些研究，为高危坝体和堰塞湖应急抢险、除险加固以及恢复重建提供及时的、先进的科技支撑。另外，要积极研究建立堰塞湖学科的可行性。

下一步，水利工作将坚决贯彻中央决策部署，一手抓水利抗震救灾毫不松懈，夺取水利抗震救灾工作的最后胜利；一手抓各项水利工作毫不动摇，努力完成年初确定的各项目标任务。我们将继续做好灾区水利查险排险工作，落实堰塞湖和震损水利工程安全度汛措施；以提高供水覆盖率、保证率和供水水质为重点，进一步加大供水保障力度，确保灾区群众饮水安全；全面做好水利设施灾后重建工作。当前，全国大部分地区已经进入主汛期，我们将全力以赴地做好防汛抗洪工作，确保防汛抗洪安全。同时，要加快推进江河治理和重点工程建设，抓紧实施病险水库除险加固；要加快农村饮水安全工程建设，保证年内解决3200万农村人口的饮水问题；扎实推进农村水利基础设施建设，保障粮食用水安全；要加强水资源节约和保护，推进节水型社会建设，促进生态文明建设。要把大力弘扬抗震救灾的伟大精神同推动各项工作的落实结合起来，促进水利各项工作取得实实在在的成效。

震后的“平安社区建设”思考

北京市房地产科学技术研究所　孙四海

新中国成立近60年，改革开放30年，大概一个甲子两个阶段：“政治与经济。”研究中国历史，重大灾难是有周期性的。近年来，生活越来越安逸，精神也渐渐放松了，其实各种灾难随时可能发生。人口的流动、科技的发展，灾难会更大。因为“忧患意识”言辞总被认为不吉利，就没有人愿意讲了。非典、地震后，我们进行反思，总结经验教训还不晚，就怕当下仍不觉悟！

有一张影响很大、很感人的照片“敬礼娃娃”，仔细看看后面倒塌的建筑让我们惭愧！孩子是如此的懂事，但我们大人却没有把房子盖好。当然，有技术问题，更有质量问题（框架结构显现的问题）。因此，在新建和改建中如何增强灾难意识，从社区到建筑物本身提高水平是我们义不容辞的责任。汶川地震后，北京市派出了专家支援房屋诊断检测，取得了数据，经分析并结合我单位“保障性住房”的研究，提出震后的“平安社区建设”思考。

1 汶川地震建筑破坏基本情况

此次地震，据有关部门统计，一般非震中地区（都江堰、德阳等）房屋倒塌 5% ~8%，破坏严重的占 30%。需拆除 20%，80%加固后可使用。根据建造年代，80 ~90 年代倒的多，90 年代后几乎没倒。汶川等地区学校倒塌问题触目惊心，倒了 200 多所。

图 1 德阳市工商局宿舍窗下墙裂缝情况

倒塌情况（从建筑类型看）：

（1）最多的是砌体结构（很多没有构造柱）。

（2）低层框架倒塌（填充墙弱）。

（3）不规则、奇异建筑易倒。

（4）农民房倒的多，但人员死的少（单层，木与砖混结构，易逃生）。

（5）高层框架倒的少（框剪结构较好）。

（6）木结构抗震较好（摇摇欲塌，底部活动可移动，但没倒）。

依据北京市赴汶川等地区支援房屋安全鉴定工作，总结地震破坏形式及存在的问题，倒塌分析：设计施工存在缺陷，结构体系混乱。从大量报纸、网络和电视图片反映，倒塌的房屋从建筑结构形式分析：框架结构中剪力墙设计不足，填充墙与结构脱离，无作为。有的照片人物后面的景象是破砖烂瓦，砂浆与空心砖不粘连，为典型的豆腐渣现象。

例如：都江堰聚源中学一栋六层高的教学楼除两边楼梯以外全部垮塌，死亡 269 人，伤亡 800 人（楼梯间跨度小，现浇比重大）。在图片中楼板位置看不见钢筋，连接处薄弱。

设计问题（建筑结构问题严重）：

（1）砌体结构没有构造柱（纵横墙交接处需钢筋混凝土柱）。

（2）低层框架填充墙弱，应力集中连接部位（柱梁板节点）。没有坚持强柱弱梁、没有注意薄弱环节（剪力墙设置少，分开设计楼梯）。

（3）结构体系混乱，各种体系未严格按规范要求做。有的建筑下面是框架，上面是砖混（结构不稳定）。

施工问题：

（1）混凝土质量控制不严，骨料没级配（鹅卵石），砂浆强度低。

（2）预制板后浇带钢筋没搭接、焊接（有的看不见钢筋），阳台没锚固好，掉了下来。

2 汶川地震带来的启示

（1）国内建筑标准、规范研究严重不足，结构安全投入少。经济欠发达地区更薄弱。

（2）应加强村镇建设管理体系，提供农村标准设计全套图纸。同时要考虑高新技术成本村镇接受能力。

（3）学校、医院结构安全要加强，提高设计标准。

（4）建立完整有效的质量监督体系。

（5）城市规划中避难场所布局。

（6）中国多地震，要加强减灾、防灾意识。

3 北京市目前小区建设存在的安全隐患

3.1 防火

因“障碍设施”，救火时牺牲了许多年轻生命（消防员平均寿命42岁）！

老旧小区未考虑车辆发展，停车问题严重。在消防通道设有明显标志：消防通道请勿停车，但仍有停放，遇到火灾时消防车进不了小区；住户安装的防护窗，遇到火灾时锯是来不及的；高层建筑消防通道3.5～4m，拐弯处6m，消防局应定期检查情况。这些问题都是老旧小区的隐患。

所有的管线埋在道路下，消防管线不是无障碍设计。管路着火时，到不了着火地点；消防水池不经常检查、换水（有的几年都不换，水都是粘的）；消防龙头经常堵塞。须使用流动的水（可利用中水）。

图2 楼房的防盗栏

图3 小区停车“难”

3.2 防疫

“非典”，使我们关注建筑通风系统及上下水管道，提倡了自然通风和防烟防味。现在住宅室内，蟑螂在肆虐、蚂蚁在筑窝、垃圾在污染等等问题影响我们的健康；室外小区水景中蚊蝇的滋生，地下土壤（已被污染）对地下水和管道的危害，鼠疫在小城镇的爆发。

专家认为：取消“垃圾道”并不科学。北欧二层楼以上都有垃圾道（形状圆形，直径60cm），水嘴冲洗消毒液，采取封闭隔绝措施，污水排放封闭处理。如果没有垃圾道，人与垃圾同在电梯内，污染的可能性就会更大。

由于城市土地资源短缺，一些新建小区，尤其是保障性住房小区选址在原工厂区（化工厂）、垃圾填埋场等不利场地，有的已出现一些问题。如北京天通苑居住区原来就是垃圾填埋场，居民长期不敢饮用自来水（据说是地下水）。现在市政给水管线接通后才得以缓解，但也存在垃圾对管线的侵蚀。新建的宋家庄小区在原化工厂，需要大量置换土壤。饮用被污染的水致病事件时有报导。

3.3 防水

开发商为了减少投资，将楼房室内外高差定的很小，台阶正负零30cm，省很多钱，但留下很大隐患。北京“天外天”小商品市场暴雨后回灌水，损失巨大，就是一例。还有的小区，开发商为了首层楼房好卖，在南侧设置了下沉式花园，空间很大，居民入住后为增加使用面积，进行加层。破坏了结构防水，出现了渗漏现象。在排水不畅时，甚至将居室灌水。因此，地下室、地下车库在如何防水、排水问题上应加强设计。

3.4 防卫

（1）家庭装修：破坏主体结构，管道拆改现象严重。有的跑水漏电，有的暗厨房改成明厨房（开敞式）。

（2）材料危害：化学合成材料的大量使用（包括家具），不但影响室内空气质量，而且带来次生危害。

（3）人防设施不足：无地下车库、地下室层数少，遇到灾难无处躲藏。

（4）盗窃与凶杀：安防措施差，出租、家装等易诱发恶性事件。

（5）天然气泄漏：燃气泄漏、爆炸（还有故意伤害）事件时有发生，报警系统没有强制应用。据北京日报4月25日报道："朝阳区光辉南里小区5号楼某房间有九人死亡。经调查，系较长时间使用室内燃气热水器，导致一氧化碳中毒。有关部门提醒广大市民使用室内燃气热水器时，务必开窗通风。"

（6）设计只注重美观，不注意安全：道路、台阶太滑，水景不设防护，人与机动车混行等。

图4　水景无防护；夏天易滋生蚊蝇，冬季结冰，难维护；漏电安全。

4　"平安社区建设"的几点建议

平安社区有很多科学的东西，科学的东西不科学对待，就会不平安。天灾是客观存在，但如汶川地震这么大损失是"人祸"。人家（日本、美国等）也地震，但损失很小。须正确检讨昨天，才是科学发展观。

4.1　加强市民防灾训练

大兴区有一防灾馆，汶川大地震半个多月以来，已培训6000余人。市民防灾意识的提高，是减少损失的关键。这样的馆应多建，这样的活动应多组织。

4.2 建筑定期做体检

日本多震，建筑的抗震性能普遍较高。但如同人摆脱不了衰老一样，随着时间推移，建筑的抗震性能会有所下降，所以日本十分注意定期给建筑做“体检”。技术人员每年检查抗震层，并在竣工后第五年、第十年及之后每年都检查。检查相关抗震材料的性能及避难设备、避难场所的管理状况等。我国也应该学习借鉴此办法。

4.3 了解避难场所

北京市2007年10月制定了《北京中心城地震及应急避难场所（室外）规划纲要》，每年将增加20至30处应急避难场所。力争在2010年前完成所有大型避难场所的配套设施建设。主要内容有：紧急避难场所最低人均1平方米，要离住宅区较近（服务半径500米，步行5到15分钟即可到达），考虑市民如厕问题，有较完善的“生命线工程”。小区建设中应考虑配套避难设施，在大绿地的设置、公共厕所等方面加以关注。

如：北京元大都遗址公园，是中国第一个系统规划的避难场所。面积约为38万平方米，最多可容纳25.3万人，巧妙地把各种应急设施融入景观：应急水井暗藏在假山下，厕所在草坪之下，路灯上安装监控器，城垛能停直升飞机，大型组雕台基可储存物资。

4.4 发挥科技的作用

探讨以科技的手段建设平安社区，遇到灾害时有独立的供电、供水、应急等系统。有条件试点建设“零排放”小区，在住宅区内形成生态循环。在避难场所里采用太阳能发电、太

图5 健德桥下避难场所标志

阳能热水、污水净化等新技术，实现应急补充。

如：宣武区万寿公园内发电机房顶上擎着大块的太阳能电池板，这是一套太阳能独立供电设备，紧急情况下可保持供电3天左右。

发挥小区内中水处理站作用，可采取措施将雨洪水的收集与污水处理相结合。

图6 望京"引领国际"小区中水站

4.5 加强结构设计安全

关于研究规范体系。建筑形式与结构设计要系统研究，尽量采用可靠的方式。建议推进全现浇剪力墙体系；框架结构应坚持“强柱弱梁”，增设剪力墙；混合结构要有构造柱；采用钢结构时应注意防火。

图7 自来水公司角柱略显薄弱

关于较大的预制结构体系争议。专家认为：预制圆孔板要注重薄弱环节，加强构造措施，减少大型预制构件，做到小装配。大型构件刚度过大（更不宜施加预应力），应力集中在节点，不利薄弱环节卸载；应加强施工质量控制，施工时吊装、就位困难，精度不容易保证。在北京交通拥堵和立交桥（人行天桥）稠密的现状下不利于运输。汶川地震图片反映，预制装配结构往往集中在节点，节点破坏后，导致楼房的整体倒塌等。

关于多层建筑问题。多层（六层）建筑结构体系随着房地产市场的发展应逐步淘汰。六层建筑没有电梯，不能无障碍设计，给生活带来诸多不便。老年人、病人、残疾人、孕妇等都不宜上下楼，连喝多了酒都易发生伤害事故。早在十年前，专家就呼吁“六层住宅是没有人性的住宅”。目前，在不发达地区多为混合结构，未采取足够的抗震措施，地震极易出现重大问题。在模板技术发达的今天，该类体系也适宜现浇剪力墙体系，提高结构安全性并可做到大开间、大空间，利于改造做到可持续发展。

关于异型结构问题。北京、上海等地近期出现了一些超高、超大、怪异的建筑，应借鉴多地震国家、地区（美国、日本、台湾等）建筑经验，提高结构安全、减震措施，对异型设计应严格控制，并防止恐怖袭击。如新中央电视台结构交叉点垂直位移90cm，投资大且不安全！

图8　建设中的中央电视台

关于增加抗震设计问题。采用隔震技术，提高建筑物的抗震性能，建造不倒的房屋。城市建筑应尽量简约，保障安全。

尤其对超高层建筑应采用柔性节点和隔震措施。如古代建筑“以柔克刚”可抗大震。新建农宅抗震防烈标准，但应考虑技术经济问题。

图9　山西省万荣县东岳庙飞云楼，斗拱层叠，如云带缠绕，由此得名。楼身分5级，总高50米。底层木柱林立，构成棋盘式。全楼斗拱密布，共307组，且形状变化多端，给人以凌空欲飞之感。飞云楼为纯木结构，始建于唐，历代数次修葺。

关于管道系统安全。建议增加“无线传感网络”及“气体报警系统”以随时监控，保障居民安全。合理选用管道系统，防止次生灾害。塑料管材均具有可燃性，在火灾发生时，塑料管材会燃烧，同时部分塑料管材会在燃烧中产生有毒气体，如UPVC管材在燃烧中会释放出单体，可导致人体中毒。建议民用住宅中采用的塑料管材应采用暗装式进行防火处理，在火灾发生时与火源隔离；由于防火要求，通常住宅中采用的燃气管道均为金属管道，当地震时，由于刚度较大，容易断裂，导致燃气外泄，引发爆燃及火灾等。建议住宅中燃气管道应选用金属复合类管材，在保证防火性能的前提下，提高管路系统的韧性，建筑物垮塌前，燃气系统不产生断裂。

总之，任何结构体系设计时、加固后能达到国家抗震要求，施工过程中严格质量控制，都是可行的、安全的。但科学研究，应从最不利的环境和影响因素着眼。解决难题和死结，追求完美，才能制造百姓放心的房屋！

4.6 防范各种灾难

平安需心安！

“平安社区”需要群众的支持，如回访“小后仓”危改小区，居民都感谢政府。一是就地上楼，居住条件改善了，二是老邻居还住在一起，相互有个照应。居民之间都认识，能成为义务警察（一个楼门10户以上就可以成为街坊），有灾难也能互助。

现在最大的矛盾是拆迁。上访问题严重，恶性事件时有发生。前门地区拆迁群众反映：“我们这一代没出息，没办法可以搬到郊区，但是把孩子上学都耽误了，连下一代的希望都没了！”胡同文化是大多数人的美好记忆，希望搬到新区后，同样能有平安社区的生活。

图10 小后仓小区居民在乘凉

管理要到位。

应该进一步规范物业

图 11
2008 年 8 月 7 日拍摄于广渠门外大街。

与保安的法律责任，业主委员会应明确法律责任和运作方式，物业公司在社区管理中利用信息化手段，处理突发事件，以发挥更大作用。

如：公安部 2000 年出台的《关于保安服务公司规范管理的若干规定》中规定："保安服务公司只能由公安机关组建，其他任何单位、部门、个人不得组建。"而建设部 2003 年颁布的《物业管理条例》则规定："物业管理企业雇请保安人员的，应当遵守国家有关规定。保安人员在维护物业管理区域内的公共秩序时，应当履行职责，不得侵害公民的合法权益。"政策与现实情况不符亦不明确。

加快保安行业立法，维系社区平安，在灾害发生时形成救灾的一支力量。因为保安员 24 小时值班，是发觉事件第一人，有条件、有能力投入到救灾中。但目前保安行业管理混乱，人员素质低、技能缺乏，时有暴利事件与监守自盗事件发生。所以加强保安队伍建设，使之成为即军队、警察延伸的另一支保护社会平安的力量。

北京有的小区在平安社区方面做了探索，从细节入手加强建设与管理。如“西府兰庭”项目的经验值得借鉴与推广，下面以图例来介绍。

图 12 出入口处安装监控系统

图 13 高低落差处设置防护网

图 14　水景安全提示

图 15　台阶照明与防滑

图 16　小心高空坠物提示

图 17　危险提示

图 18 物业标示明确

图 19 值班民警挂牌

（此文章的编纂感谢黄汇、倪琦、李飞、李强、魏效东等同志的大力支持。）

汶川地震四川灾情及存在问题的建议

民盟四川省委副主委
四川省民政厅副厅长
张力

各位领导、各位专家、同志们：

根据会议安排，我发言的题目是：《汶川地震四川灾情及存在问题的建议》。

中国是世界上受自然灾害影响最为严重的国家之一。这次四川“5·12”汶川特大地震就是一场罕见的巨大灾害，是新中国成立以来破坏性最强、波及范围最广、救灾难度最大的一次地震。

1 地震灾情

一是强度烈度极高。震级达里氏 8.0 级，最大烈度达 11 度，都超过了 32 年前的唐山大地震。截至 7 月 14 日，累计发生余震 17560 次，其中 4～4.9 级 200 次，5～5.9 级 28 次，6 级以上 5 次，最大余震 6.4 级。

二是人员伤亡惨重。截止 7 月 14 日，全省地震受灾累计遇难 68684 人，受伤 360358 人，仍有 18289 人失踪。失踪人员中相当数量可能已经遇难，估计我省遇难总人数将超过8万人。

三是受灾范围广泛。全省有19个市（州）、150个县（市、区）不同程度受灾，受灾面积达28万平方公里，受灾人口2983万人。

四是房屋大面积倒塌损坏。这次地震致使大量房屋倒塌或严重损毁，1000多万人无家可归。北川县城、汶川县映秀镇等部分城镇几乎被夷为平地。

五是基础设施严重损毁。全省21条高速公路、15条国省干线公路、2756条农村公路的路基路面、桥梁隧道等结构物受损，许多交通基础设施严重受损。电力、通信、供水等系统大面积瘫痪。

六是次生灾害多发。滑坡、崩塌、泥石流频发，阻塞江河形成堰塞湖34座，另有1996座水库、495处堤防不同程度出现险情。灾区大面积植被被毁，生态环境遭到严重破坏。

七是正常生产生活秩序受到严重影响。全省有16280户企业受灾，其中规模以上工业企业停工停产5610个。机关、学校、医院等严重受损。12.9万公顷农田和大量农业设施被毁。

八是救灾难度很大。重灾区多处在交通不便的高山峡谷，加上地震造成交通、通信中断，特别是通往汶川、茂县、平武、青川、北川等重灾县（市、区）和254个乡（镇）的公路一度完全中断，救援人员、物资、车辆和大型救援设备无法及时进入，受伤人员难以尽快运出抢救。

2 灾区概况及灾害影响

我省地震灾区地处青藏高原向四川盆地过渡地带，以龙门山脉为界，西部以山地、高原为主，地质构造复杂，断裂纵横交错，地层破碎，历史上就是地震高发区和滑坡、崩塌、泥石流等地质灾害易发地区；东部以丘陵、平原为主，地质稳定，自然条件较好。区内气候差异较大，垂直分布明显，是我国重要的生物多样性地区、长江上游生态屏障的重要组成部分。该区历史文化悠久，多民族聚居，多元文化并存，有我国唯一的羌族聚居区和第二大藏族聚居区。区内旅游、矿产、水能等资源丰富，拥有世界自然遗产3处、世界文化遗产1处，以及众多的国家级自然保护区、风景名胜区、森林公园、地质公园。

严重受灾的51个县（市、区）在全省经济社会发展中占有重要地位。2007年，实现地区生产总值2868.2亿元，占全省的27.3%，人均生产总值11948元，为全省人均的92.7%；地方财政一般预算收入96亿元，占全省的11.3%；三次产业结构比为22.7∶45.5∶31.8；外出务工人员460.2万人，占全省的34.5%；该区是四川粮食、油菜、水果、茶叶、中药材和畜禽等农产品的主要产区，拥有旅游、装备制造、化工、电子、食品饮料、中药和水电等优势产业。

地震不仅使灾区人民生命财产受到巨大损失，而且改变了区域资源环境结构，部分地区资源环境承载力下降，对区域经济社会发展产生深刻影响。

对生态环境的影响。地震造成森林、植被、水体、土壤等自然环境破坏，地质环境稳定性变差，滑坡、崩塌、泥石流、堰塞湖等次生灾害隐患增多，水土流失更加严重，部分重要生态功能退化。生态修复、环境治理任务艰巨。

对城镇发展和人口分布的影响。地震造成部分区域地质地貌状况发生改变，耕地面积减少、质量下降，人地矛盾更加突出，部分城镇发展空间受限，人口容量明显下降，少数区域已不适宜人类居住。

对产业发展的影响。地震使灾区农田、矿山、旅游景点和基础设施损毁严重，部分地区产业发展环境恶化，特别是资源开发型产业发展严重受限，产业发展方向和产业布局需要进行相应调整。

3 存在的问题

"5·12"汶川大地震是四川乃至中国面临的一场罕见的巨大灾害。在突如其来的大灾大难面前，在党中央、国务院和中央军委的领导下，四川人民在全国人民的大力支持下，奋起抗震救灾，谱写了可歌可泣的动人篇章，中华民族表现出来的坚韧和团结令世界惊叹！但是，随着抗震救灾工作的深入，我们也要十分清楚地看到，抗震救灾面临的形势依然严峻，灾后重建任务十分艰巨，特别是在前阶段抢险救灾工作中所显露出来一些薄弱环节和不足，非常值得我们深入思考，以利于在灾后恢复重建工作中不断立言，存在的主要问题有：

防灾减灾基础设施建设亟待加强。大城市灾害设防级别有待提高，农村群众住房防灾抗灾标准较低；灾害多发地区的避灾场所建设滞后；灾害监测体系还不够健全，预警信息覆盖面和时效性亟待提高；减灾综合协调机制尚不健全，区域间信息共享和协调联动机制亟待加强；抗灾救灾物资储备体系不够完善，应急通信、指挥和交通装备水平落后；各级灾害管理人员业务素质还需进一步提高，社会公众减灾意识较薄弱；应对灾害的法律体系尚不健全，急需完善。

防灾减灾机制不健全。缺乏减灾综合性法律法规，相关配套政策不够完善；减灾综合协调机制尚不健全，部门间信息资源共享和协调联动机制、民间组织等社会力量参与减灾的机制还不够完善。

防灾减灾基础薄弱。减灾资源普查、灾害风险综合调查评估等方面工作尚未开展，各类灾害风险分布情况掌握不清，灾害监测、隐患监管工作基础薄弱；基层灾害应急预案体系尚需进一步健全，抗灾救灾物资储备体系不够完善，应急通信、指挥和交通装备水平落后；防灾减灾基础设施建设有待加强，地质灾害群测群防网络亟待进一步恢复和完善，预警预报方式尚停留在区域性、趋势性预报阶段，重大地质灾害隐患点监测体系构建有待进一步加强，地质灾害防治队伍体系建设远不能满足防灾工作需要，灾害多发地区的避灾场所建设滞后，灾害设防级别有待进一步提高，农房防灾抗灾标准普遍较低；灾害监测体系不够健全，预警信息覆盖面和时效性尚待提高，灾情监测、采集和评估体系建设滞后；减灾领域的科技支撑，特别是综合减轻灾害风险科技工作还比较薄弱，灾害监测预警、防范处置关键技术和装备的研发应用尚待加强。

防灾减灾力量不足。各级灾害管理人员业务素质还需进一步提高，面向基层乡村社区的减灾科普宣传有待进一步深入，社会公众减灾意识仍较薄弱。

4 建　议

4.1　恢复重建应明确的指导原则

以人为本，民生优先。恢复重建要尊重民愿、体现民意、集中民智。把解决与灾区群众生活密切相关的基本问题放在首位，优先恢复重建灾区群众家园和涉及民生的公共设施，尽快恢复灾区正常的生活和生产活动，切实扩大就业，增加群众收入，逐步提高人民生活水平。

尊重自然，科学布局。摸清灾害和潜在灾害的分布状况，根据资源环境承载能力和变化趋势，考虑经济、社会、文化等各方面因素，科学制定灾后重建方案，合理布局重建项目，实现人与自然和谐发展。

统筹兼顾，协调发展。立足当前，着眼长远，恢复重建要与发展提高相结合，注重结构调整和发展方式转变，优化城乡布局，统筹规划城乡居民点、基础设施建设和产业布局，逐步提高灾区自我发展能力。

创新机制，协作共建。建立政府主导、群众主体、社会参与、多元投资的重建机制，自力更生、生产自救与国家支持、对口支援相结合，广泛吸引企业和社会帮扶，共同参与恢复重建。

4.2　建立政府主导、部门协同的综合减灾管理体制和运行机制

各级政府应成立减灾委员会，作为政府减灾事务议事协调机构，成员包括政府灾害管理部门、减灾支持部门、综合部门，以及军队、科研单位和非政府组织等。减灾委员会成立减灾委专家委员会，聘请减灾领域科学家参加，促进减灾决策的科学化和民主化。建立减灾指挥协调平台，为减灾委提供信息和技术支持。

4.3　制定和完善灾害应急响应预案体系，提高公众防灾意识与避险能力，加强应急演练

在各级政府的组织领导下，按照部门灾害管理的职责，提

高公众的防灾意识与避险能力。针对各地易发和频发的自然灾害，制定和完善灾害应急响应预案，组织开展不同自然灾害情况下的救灾演习，把应急演练与应急知识普及、提高全民应急能力有机结合起来，不断提高社会公众防灾避灾、自救互救、自我保护能力和应对各种灾害的承受能力和应对能力。

4.4　查明、治理和消除各类灾害隐患，制定科学避灾规划方案

查明地震造成的地质灾害、堰塞湖、水库、河道、堤防、护岸、住人河心洲坝、重要岸边坝、救生高台等基础防洪工程的病险隐患，制订消除隐患的措施和避灾实施方案，消除各类灾害隐患。

4.5　加强灾害监测、预测、预警和应急处置能力和紧急救援能力建设

恢复重建损毁的地震监测台（站），优化台网布局，提高监测能力；建设信息公共服务平台，提高信息交换能力，实现信息共享；建立救援协调中心，充实救援力量，加强队伍培训，完善救援工作方案，提高防灾减灾专业队伍应急救援能力，形成以解放军、武警、公安消防、民兵预备役为应急救援骨干，充分动员与大力支持社会团体、企事业单位、公益组织和志愿者等各种社会力量参与应急救援与管理工作。

4.6　加强防灾备灾和转移安置能力

形成以国家级“区域救灾物资储备仓库”为中心，省、市州为骨干，县为基础的灾害应急救助物资储备网络。增加物资储备种类，增大物资储量，改善仓储条件和装运条件。在位

于高风险区内的城镇和人口密集、经济发达的城市规划设置大型避难所、避难场地和疏散通道；制订大型避难所、避难场地和疏散通信的技术标准和规范；建立大型避难所、避难场地和疏散通道的分级建设和管理标准；建设配套的各种防灾减灾设施。

4.7 加强涉灾法律研究

随着各项救灾措施的施行以及灾后重建工作的展开，各种社会矛盾和利益诉求交织，大量法律问题日渐凸显，现有相关法律又呈现分散或空缺的状态。特别是很多法律是在常态下制定的，对灾害状态下怎样实施、适用有待完善。

例如：房屋倒塌以后的土地使用权权属及处置问题，地震之后如何行使继承权问题，捐赠人反悔如何适用法律问题，志愿者在救灾中的法律地位及人身保护问题等等。涉及人身权、财产权、婚姻家庭财产继承、保险、行政以及刑事犯罪等方面。

由于灾难带来的法律问题错综复杂，涉及面广，亟须完善。建议由全国人大、国家有关司法机关牵头进行梳理，给出司法解释，指导基层工作。

基于脆弱性分析的应急策略研究

中国科学院科技政策与管理科学研究所

倪慧荟　陈　安　于天飞

陈　安

引　言

近年来，各类突发事件肆意侵袭世界各地。比较著名的事件有美国纽约的“9·11”恐怖袭击事件；起源于中国并震惊世界的SARS疫情；2005年肆虐美国新奥尔良的卡特里娜飓风。这些事件具有里程碑意义。由于其突发性强、衍生剧烈，对相应城市或区域造成了巨大损失，影响到人们的正常生活和心理健康状况。

为了能更好地应对突发事件，学者们往往会从专业性的角度去研究风险的具体表现与出现时伴随的信号，应对时也总是从一类事件的特征和造成该事件的直接原因出发去探索风险识别和管理的方法与技术。我们认为，这是一种基于“进攻者”角度来进行研究的思路。然而，对于一个特定的区域来说，问题一般不会单纯局限在某一类事件造成的单一灾难方面，而是会由多方面的致灾因素相互耦合而造成综合性、衍生性很强的灾难。此时，无法直接利用一个专业性应对机构去有效处置，而需要协调多方面的力量来共同应对。也就是说，区域风险要比专业性风险事件更复杂，更难处置，需要去研究一套适合于区域风险管理的识别、衡量、评估方法，并提出一些更具适应性的应急管理策略与技术。

2008 年的中国南方雪灾，以及这次的“5·12”汶川地震又一次给我们敲响了警钟。抗击自然灾害不能仅从自然条件本身出发，更应该考虑到灾害的发生地点。我们需要从城市区域这一突发灾难事件的“防御者”出发，研究如何更好的评价其应急能力，发现各种薄弱环节并加以改善，从而提高城市的抗风险能力。

本文从脆弱性的概念谈起，逐步探讨了区域脆弱性的定义、影响因素、特征分类等等，最后结合地震灾害的特点给出了一种评价区域脆弱性的可行思路。

1　区域脆弱性的相关概念

本小节主要讨论区域脆弱性的相关概念，包括其定义、特征分类、主要影响因素等，为后文的讨论提供理论基础。

1.1　区域脆弱性的定义

不同领域对脆弱性有各自的理解和认识，因而对脆弱性也有不同的定义。例如，从生态系统角度来说，脆弱性是指生态系统在面临外界各种压力和干扰，可能导致区域出现损伤和退化特征的程度的一个衡量。在综合了对于脆弱性的不同理解的基础上，我们认为脆弱性的核心概念主要包括以下几个方面：

■ 脆弱性表征了城市或区域被突发灾难事件破坏的可能性；

■ 脆弱性是一种事前预测，可靠性依赖于事后检验；

■ 脆弱性对于区域发展起负面影响，越高对区域越不利；

■ 脆弱性是一个相对概念，而不是一个衡量绝对损害程度的度量单位；

■ 脆弱性由区域特征、灾难事件及其预测预警三大要素组成。

因此我们可以将区域脆弱性（Region Vulnerability）定义为：来自自然界和人类自身的威胁和破坏而导致区域在自然环境和社会环境中表现出不利于其可持续发展的可能性。

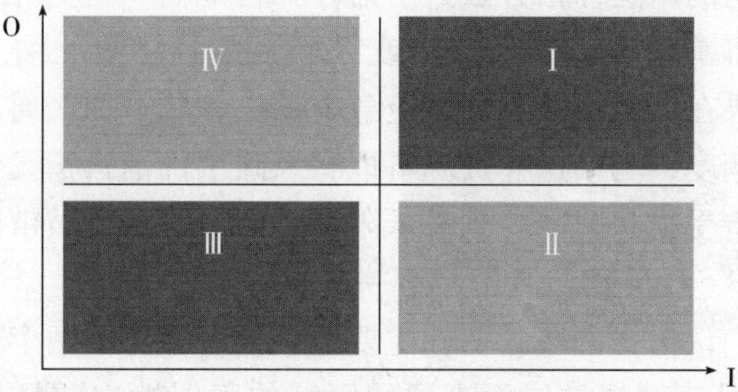

图1　传统的风险评价方法

通常，我们说一个城市的风险程度比较高，一方面指它出现风险事件的可能性（概率，以 P 表示）很高；另一方面，一旦该区域出现某类风险事件，那么这一事件可能导致严重的后果（以 C 表示）。这样，考虑到事件的发生概率和后果的严重程度，对于综合风险的评估一般是用 P＊C 的形式表示，这也是最通常的风险表达模型。以往的研究大多基于这一乘积形式开展。那么，评估一个区域的风险就可以使用一个以可能性大小和严重程度分别为行和列的矩阵。如图 1，象限 I 代表发生概率高，同时后果严重的情况，应给予极高关注；象限Ⅱ代表发生概率高，但后果并不严重的情况；象限Ⅳ代表后果严重，但发生可能性不高的情况；对于象限Ⅱ和象限Ⅳ都应提高警惕；象限Ⅲ则代表发生可能低，后果也不会严重的情况，只需要对其适当关注即可。

图2 区域的“进攻者”与“防御者”

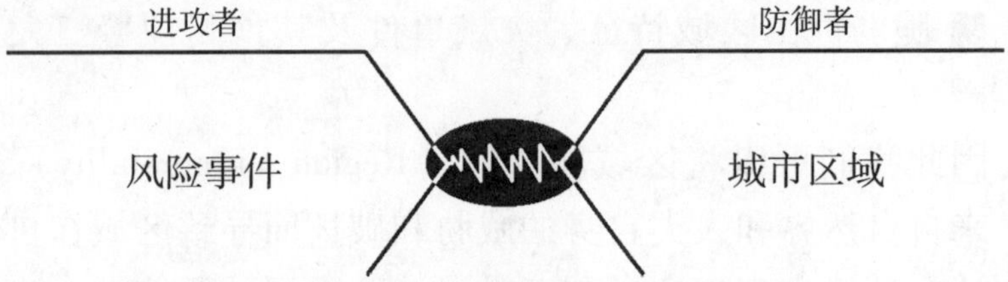

以上的风险评估方法只考虑了风险事件（进攻者）本身，而没有将事件承载体（城市或区域）的具体情况纳入考察范围。如果在该区域有足够的应急资源去利用，那么通过快速而高效地调度，利用这些资源可以将风险事件消弭于无形，或尽可能地将受损状况减少到最低限度。这样，尽管城市区域的风险程度 P * C 很高，但是并不一定就显得“脆弱”。

我们认为，区域脆弱性主要应该体现在以下两个方面：

■ 从直观损失层面来说，区域的脆弱性主要是指当其遇到突发灾难事件的情况下，出现了与事件相关的人员伤亡与物质财产损失。

■ 从心理危机层面来说，区域的脆弱性主要是指其中的人们对于所面临的突发事件的无知程度，以及在应对过程中的心理恐慌程度。

1.2 区域脆弱性的特征分类

脆弱性有多种不同的表现形式，按照不同的划分标准，我们认为可以从以下几个方面考虑城市脆弱性的特征分类。

从区域所面对的事件影响层面，可以分为政治维度的脆弱性，经济维度的脆弱性，文化维度的脆弱性。

从受直接损害的承载体划分，可以把区域的脆弱性分为以人身伤害程度表征的脆弱性，以及可以用财物受损状况衡量的脆弱性。

从破坏以及恢复情况进行分类，可以把脆弱性按照图 3 分为：易破坏易恢复类型的脆弱性、易破坏难恢复类型的脆弱性；难破坏易恢复类型的脆弱性以及难破坏难恢复的脆弱性。显然象限Ⅳ应该被高度关注。

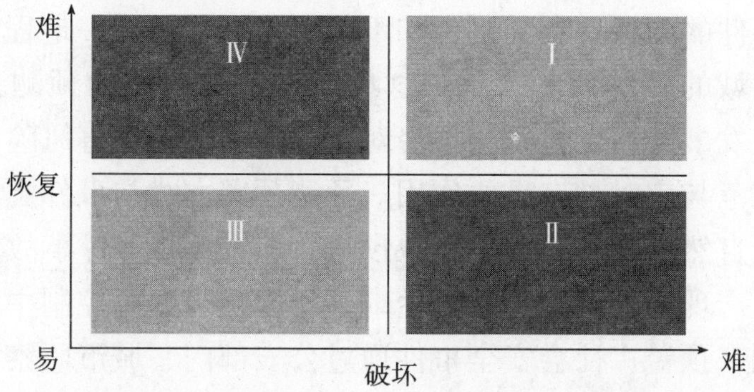

图3　破坏与恢复维度的脆弱性

从灾害的来源进行分类，可以划分成：单一灾害来源的脆弱性，多灾害聚合条件下的综合脆弱性。

从城市区域管理部门组织结构的角度，可以将区域脆弱性分为：单指挥中心的脆弱性，多头管理下的脆弱性；再从突发事件条块治理结构方面进行分类，还可以分为：多层次治理机构的兼容脆弱性，多平行职能部门产生的交叉脆弱性。

从灾害处置的阶段进行划分，可以将区域的脆弱性分为：单一处置阶段的脆弱性，多阶段应对下的脆弱性。

1.3 区域脆弱性的影响因素

区域作为一个巨大的复杂系统，在其运行过程中，所有相关状态都是开放的、动态的，因而不可避免的会受到各种安全问题的干扰和侵袭。我们把影响其脆弱性的因素简单的分为系统内部因素和系统外部因素。

系统外部因素包括两个方面。一是冲击区域防御能力的"进攻者"，即各种突发事件，包括自然灾害事件、事故灾难事件、公共卫生事件、社会安全事件等四大类。它们可能造成重大人员伤亡、财产损失、生态环境破坏和严重社会危害。事件发生的规模、时间、地点不同，其性质与危害程度也不同。这些事件的发生具有随机性和不确定性，这都在一定程度上增加了区域的脆弱性。二是与这些事件一一对应的预测预警强度。突发事件的有效预测预警对于识别潜在的灾害风险并提早进行防范与应对具有重要作用。预测预警方式与事件类型紧密相关。自然灾害主要通过气象预报、地震预报等；事故灾难主要靠生产现场监测；公共卫生事件由医院与疾病控制中心的统计监测来预警；社会安全事件通过公安部门、城市监察大队及其他各类行业检查人员等实施预警任务。

系统内部因素主要是指区域内部的各项基本参数，包括资源与能源的承载与供给、基础设施的承载及安全、救援机构的保障能力、社会人员规模与组成因素、民众灾害知识教育等。这些都是衡量区域应对突发事件能力的主要考察项目。

■ 资源与能源的承载与供给

自然资源与能源是城市人口生存的最重要的基础。区域所在范围内的自然资源是绝对有限的；在一定的自然条件、生产条件限制下，一定时期约束内，区域自身所能生产的以及外部市场所能供应的能源是相对有限的。因此，区域生存所必备的资源与能源的承载力有限，当其生产生活对自然资源与能源的需求超过其供给的时候，区域的脆弱性就会明显提高。特别是与生产生活息息相关的水、电、气资源一旦发生短缺，则城市毫无疑问会偏离正常运行的轨迹。一个典型的事例是“松花江水污染事件”。2005 年 11 月 21 日，中国东北黑龙江省省会哈尔滨受松花江水源污染影响宣布全市停水 4 天。由于事先政府未公开停水原因，引发当地抢购饮用水风波，并加剧市民恐慌，城市的脆弱性立即得以体现。在中国城市科学研究会和中国城市网 11 月 30 日共同发布的“2005 影响中国城市发展十件大事”中，哈尔滨停水事件凭借其对中国城市公共安全的深层启示高居首位。

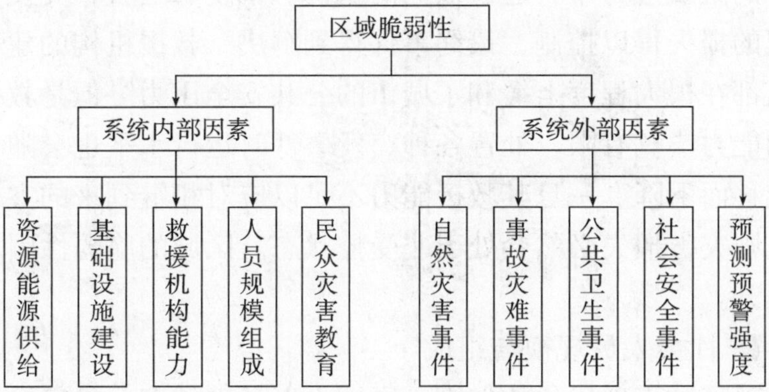

图 4 区域脆弱性的影响因素

■ 基础设施的承载及安全

城市或区域的正常运行离不开各种基础设施的辅助，包括城市建筑、交通干道、运输管网、邮电通讯等。基础设施大体上分为两类。一类是社会性基础设施，包括文化教育、体育、卫生、住宅、商店等。另一类是技术性基础设施，包括①道路、桥梁及交通；②水源、给排水、污水处理；③电源及输变电；④燃气源及其输配；⑤热源及其输配；⑥邮电、通讯；⑦园林绿化、环境保护、市容卫生；⑧消防。以上两类基础设施是区域必不可少的物质条件，城市一旦遭遇突发风险事件，那么基础设施的完备性以及运行稳健性对于区域能否有效抗击风险，降低损失有着关键影响。2008 年的南方特大雪灾使湖南郴州的重要基础设施受到大幅破坏：电网瘫痪、路面受损、交通停滞、广播电视网络中断、工业企业全面停产。郴州整个城市的运行状况几乎降到冰点，对于继发式灾害的抵御能力极差，脆弱性达到了前所未有的高度。

■ 救援机构能力

我国大城市目前已经普遍拥有包括消防、医疗、公安等许多紧急处理各种灾害和事故的机构。这些机构是应对突发风险事件的主要生力军，通过他们的指挥、调度、处置，突发事件造成的损失得以控制，最终事件得到解决。救援机构的建设与规范都在很大程度上缓和了城市的公共安全压力。但是救援机构的能力毕竟有限，处置各种突发事件时运行水平也会随着时间推移而下降。一旦其救援能力不足以应对相继到来的灾难事件，则灾害损失必然会处于非受控状态。区域的脆弱性因之不断上升。

■ 社会人员规模与组成

随着城市现代化的加剧，区域人口越来越多。除突发性重大自然灾害外，发生频率较高、社会危害较大、伤亡人数最多的灾害主要就是生产事故、环境污染、火灾等人为灾害。以北京为例，其每平方公里人口数高达 1 万～3 万（不含流动人口数），在繁华的金融街、商业街、高科技开发区等人群密度更高于平均水平。这些地段易发生重大灾害事故的承载体也较多，这样一方面存在人为突发事件的可能性较高，另一方面一旦发生事件，则遭受的生命财产损失也相对较高。同时，由于大量流动人口的存在，单一事件可能引起多种次生灾害的相继并发，而使灾害进一步扩大。显然，社会人员规模越大、组成越复杂、密集程度越高、流动性越强，则区域呈现的脆弱性也越强。

■ 民众灾害知识教育

民众系统的学习关于各种突发灾害的必要知识（包括灾害原理、发展演化机理、自救与互救方法等）对于稳定情绪，削弱恐慌心理，提高民众的应急响应水平至关重要。大量的灾害知识储备可以在很大程度上降低生命财产受损的风险。这次的“5·12”汶川大地震中学生们的成功逃生率低就与平时欠缺灾害教育有着很大的关系。

2 区域脆弱性的评价

本节我们以上文所分析的脆弱性影响因素为基础，提出评价区域脆弱性的一个框架模型，尝试构建了一个粗糙的指标体系并以汶川地震为例简述了评价过程。

2.1 评估模型

区域脆弱性是个复杂的度量对象，很难对其给出一个唯一的、确定的评价，所以可以先从多个不同维度着手来衡量脆弱性，这样可以发现出城市脆弱性的本质特征，并可以通过对单一分类标准下的脆弱性状况进行评价，然后在此基础上再进行综合性评价。

为了对区域脆弱性进行粗略评估，我们定义区域脆弱性指数（Region Vulnerability Index—RVI）来表征脆弱性程度。

RVI 越高说明区域的脆弱性越强，即抵御风险事件的能力越差。区域脆弱性的组成因素很多，我们这里主要将着眼点放在 1.3 节提到的各项关键影响因素上，将区域脆弱性拆分为三个主要影响因子：灾害脆弱性指数（HazVI）、人造环境脆弱性指数（BEVI）、社会脆弱性指数（SoVI）。

■ HazVI 主要反映了区域应对各类突发事件的经验，考察城市区域的灾害源时空分布、预测预警准确程度、次生灾害关联等。

■ BEVI 表征了区域中各类基础设施的抗灾能力，考察诸如交通网络发达程度、资源能源供给稳健性、应急避难场所覆盖率、电力与通讯流畅度等。

■ SoVI 反映了区域的社会结构抵抗突发事件冲击的能力，它综合考虑救援机构能力、社会人员规模与分布、民众灾难知识储备等因素。

将三大影响因子指数加权求和就大致表征了区域的脆弱性。我们有以下的评价表达式：

$$RVI = w_1 HazVI + w_2 BEVI + w_3 SoVI$$

使用该模型进行具体的评价时，需要完成两项工作：

■ 指标体系的构建

这包含两方面的工作。首先是评价要素的完备性，即将三大因子分别展开，考虑所有其各自下属的次级指标，由次级指标再进一步向下拓展，不断循环往复，形成树形指标结构。根据经验，科学的评价体系至少应该包含三级以上的指标。其次是评价要素的独立性，即各个指标所考察的内容应尽量不能有交集，否则评判误差经过层级指标体系的传递会导致放大信息失真的后果。

■ 评价算法的选择

评价规则的筛选对于评价结果影响重大。这也包含两方面的工作。第一是设置权重。目前比较常用的经典方法是层次分析法，即通过专家打分和一致性检验来得到各个指标的归一化权重。第二是要素打分，即定义各个指标的不同级别并用定序型数据来代表不同的水平，比如用1表示很差，用10表示很好等等。需要提及的是，模糊综合评价法是绕开权重设置问题直接得到定性数据的方法。

2.2 地震灾害脆弱性的评价指标体系

本节我们结合地震灾害的特点构建一个粗糙的指标体系以说明在进行区域脆弱性评价时应该考虑哪些重要因素。

参照上一小节的基本模型，我们将三大因子作为一级指标。二级指标分为8个：灾害源与预测、地形与周边环境主要反映HazVI；交通网络、建筑强度与避难场所、电力与通讯、生存资源供给主要反映BEVI；救援机构、人口与教育水平主要反映SoVI。每个二级指标再往下细分可得到三级指标，最终的指标体系见图5、6、7。

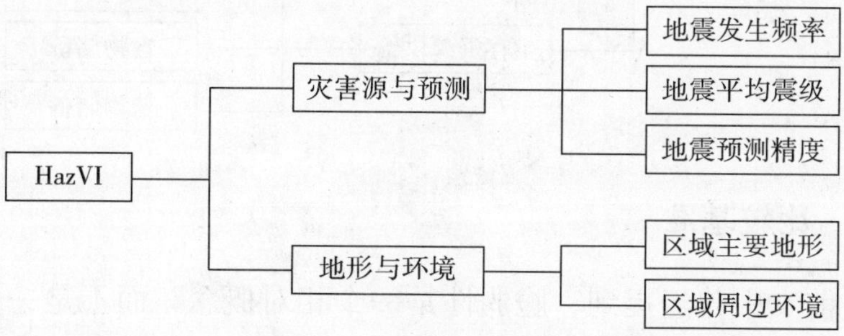

图5　灾害脆弱性指标

图6　社会脆弱性指标

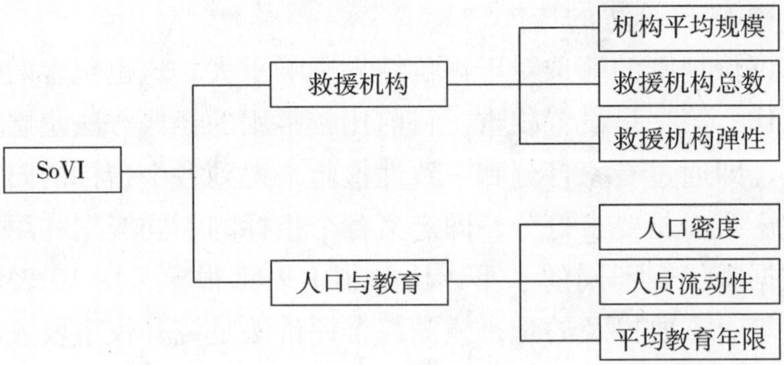

图7　人造环境脆弱性指标

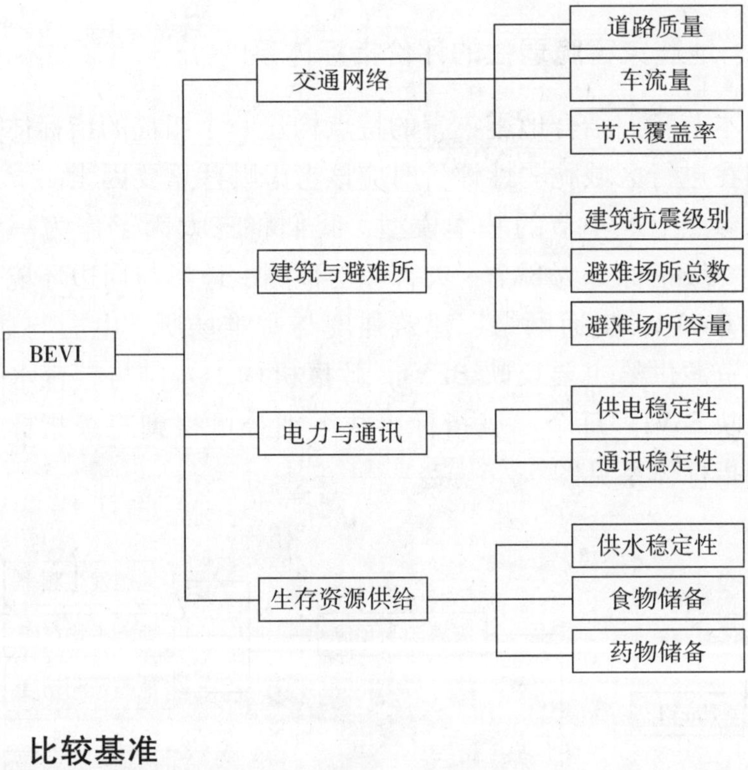

2.3　比较基准

前文中曾经提到，脆弱性是一个相对概念，而不是一个绝对损害程度的度量。因此，直接比较脆弱性的评价结果不能完全真实的反映抗灾能力的大小。我们更希望寻找出脆弱性指数的比较基准，通过将 VI 映射到这一基准上，从而实现脆弱性的横向与纵向比较。我们定义脆弱性函数 V（X），其输入变量就是 RVI，而输出结果即函数取值就是区域遭遇突发事件后产生人员伤亡及财产损失的似然率 π，即

$$\pi = V(RVI)$$

一般而言，脆弱性为负无穷时，区域的抗风险能力达到理论上的最强状态，几乎不会因为遭遇任何突发事件而造成损失；随着脆弱性的逐渐增大，相关受损概率呈现一种加速上涨的趋势；当脆弱性继续上升并到达一定临界点后，因突发事件而遭受损失的可能性继而转变为减速上升态势；在正无穷上，区域达到理论上的最脆弱状态。这种非线性现象符合我们对于城市和区域风险应对的一般认识规律。于是，我们进一步通过 Logistic 模型将 π 与 RVI 联系起来，有

$$\pi = \frac{1}{1 + \exp[-(\beta_0 + \beta_1 RVI)]}$$

另外由图 8 可知，由于 $0 < \pi < 1$，因此它使 RVI 具有了比较基准的性质。进一步变换可以得到

$$\ln(\frac{\pi}{1 - \pi}) = \beta_0 + \beta_1 RVI$$

可见，RVI 决定了城市区域遭遇突发事件进而产生人员伤亡及财产损失的情况的发生比 π/（1 − π）。

通过收集历史数据，计算 π 可能的分布形式，就可以进一步对 π 及 RVI 进行回归分析，依靠参数估计，构造出预测方程。于是，一方面我们可以用它进行脆弱性的检验，另一方面也能反映出区域应对和抵御未来突发事件的能力。同时通过逆向推导，我们进一步有

图 8
Logistic
曲线

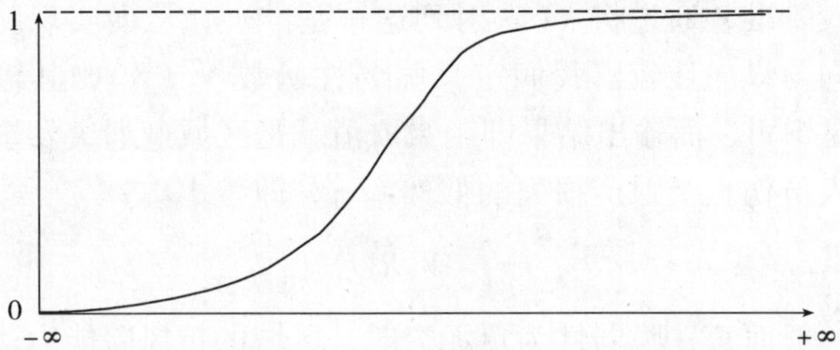

$$RVI = \frac{\ln\left(\frac{\pi}{1-\pi}\right) - \beta_0}{\beta_1} = \frac{C_\pi - \beta_0}{\beta_1}$$

因此它还可以给决策者提供这样的信息，即要想达到某一发生比水平，则脆弱性指数应该维持在何种水平。

2.4　地震多发地区的脆弱性评估

最后，我们以地震为例，演示一下脆弱性的评价流程。假设评价目标区域的脆弱性维度是地震灾害脆弱性。我们做以下假设：

■ 指标体系取 2.2 节中的前两层，暂不细化至第三层；

■ 三大因子对于评价同等重要，即权重均相同；

■ 以 5 分制评价因素脆弱性：1—极不脆弱，5—非常脆弱，中间数值为过渡状态。

于是，基于对地震多发地区的基本信息和救灾情况分析，我们大致可以对所有影响因素给予如图 9 的评分。同时我们将第 1 ~2 项要素合并为灾害脆弱性指数；第 3 ~6 项要素合并为人造环境脆弱性指数；第 7 ~8 项要素合并为社会脆弱性指数。通过专家群决策，得到指数组内各项要素的权重如表 1 所示。

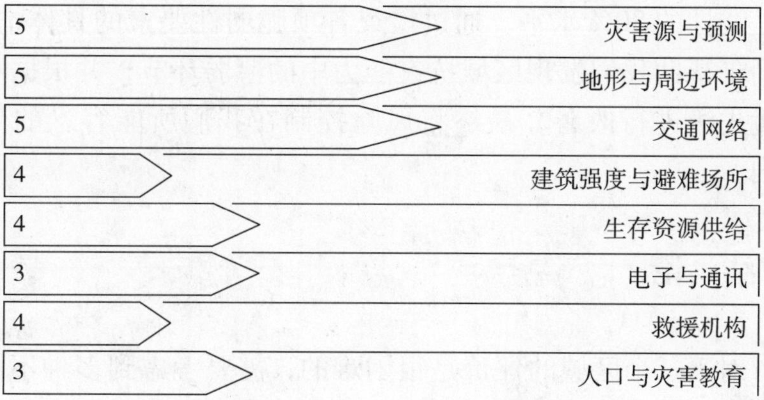

图9　汶川地震脆弱性要素评分

表1　脆弱性评价要素权重

要素	权重	要素	权重
灾害源与预测	$W_{11}=0.60$	交通网络	$W_{21}=0.25$
地形与周边环境	$W_{12}=0.40$	建筑强度与避难场所	$W_{22}=0.40$
救援机构	$W_{31}=0.50$	生存资源供给	$W_{23}=0.20$
人口与灾害教育	$W_{32}=0.50$	电力与通讯	$W_{24}=0.15$

根据假设，处理方式是求组内所有要素得分的加权平均值，即首先计算出各项指数。计算公式为

$$VI = \sum_{j=1}^{m} w_{ij} P_{ij}$$

于是据此得到 HazVI = 5.0，BEVI = 4.1，SoVI = 3.5。由于假设三大因子的相对重要性相同，因此最后只需将三大因子指数直接叠加就得到了汶川地区对于地震灾害的脆弱性，即

$$RVI = HazVI + BEVI + SoVI = 5.0 + 4.1 + 3.5 = 12.6$$

显然，这个结果已经超越了脆弱性理论最大值的 80%，根据 2.3 节中提到的比较基准与 Logistic 曲线，可以大致估计汶川地区对于特大地震灾害的脆弱性已经到了极高的程度，而

不是线性的80%水平。通过检查各项脆弱性要素的具体情况，有利于帮助我们发现区域抗灾能力中的薄弱环节，并根据不同的优先级进行改善，最终将风险控制在我们所能容忍的限度之内。

3 结 论

对于一个区域的评价是很困难的，需要考虑到多种不同类型的因素。本文对于地震多发地区的脆弱性特征进行了多角度描述，从多个影响因素的角度出发，将区域脆弱性的评价分成了几个部分，给出了表征这些不同类型脆弱性的指标体系，并针对性地进行了分析，给出了一个具体的评价结果。这一思路的提出应该能够为未来的区域风险识别与管理提供一定的支撑。

参考文献

计雷，池宏，陈安等．突发事件应急管理．高等教育出版社，2006－03

Louis Solway. Urban Developments and Megacities：Vulnerability to Natural Disasters，Disaster Management. Vol 6 No. 3，1994：160～166

陈安，赵燕．城市脆弱性及基于保障率的机构弹性评估方法研究．应急管理汇刊．第2卷，第6期，2007－06：14～17

倪慧荟，陈安．基于“保障率”的机构弹性评估方法研究．应急管理汇刊．第3卷，第1期，2008－01：38～43

孙蕾，石纯．沿海城市自然灾害脆弱性评估研究进展．灾害学．第22卷，第1期，2007－03：102～105

Walter W. Piegorsch，Susan L. Cutter，and Frank Hardisty. Benchmark Analysis for Quantifying Urban Vulnerability to Terrorist Incidents. Risk Analysis. Vol. 27，No. 6，2007

Susan L. Cutter，Bryan J. Boruff，and W. Lynn Shirley. Social Vulnerability to Environmental Hazards. Social Science Quarterly. Vol. 84，No. 2，Jun 2003

以地震科技工作者的眼光审视汶川大地震

民盟中央灾害与社会管理专家论坛学术委员会主任
中国科学院院士　陈颙

5月12日汶川大地震发生的地方是平原和高山交汇处，山体呈北东走向，而余震的排列顺序就沿着这个走向，说明这极有可能是一次和构造相关的构造地震，是因为断层活动引起的地震。

1　汶川大地震是新中国成立以来破坏性最强、波及范围最大的一次地震

汶川大地震产生的地震波在20min内传遍全世界。通常，地震学家用地震所释放的能量来表示地震的大小。地震释放的地震波能量E(erg，1 erg = 10^{-7}J)与震级M之间有下列关系：lgE = 11.8 + 1.5M。中国地震台网中心、美国地质调查局和日本气象厅测定的这次汶川地震震级分别为：M = 8.0，7.8，7.9，按我国确定的震级8.0计，汶川地震释放的地震波能量约为$10^{23.7}$erg，相当于上千颗二战时美国在广岛扔的原子弹的能量。

这次地震破裂从汶川附近开始，破裂带沿北东方向延伸。

地震滑动从西南向东北传播，第100s时破裂的位置在北川附近，整个破裂持续时间为120s，地震造成的地下破裂长度约300km～400km。对比截至5月15日的余震活动，余震的分布沿北东方向展布300km，与地下破裂的展布有很好的一致性。这增加了对破裂长度估计的可靠性。

震源破裂滑动量较大的区域有两处，分别分布在距震源40km～80km和100km～140km；大的滑动一般对应大的地震灾害，这两处正是目前得知的地震破坏最为严重的汶川和北川附近的地区。这次地震的震源深度在8km～12km，地下震源处的最大滑动约小于9m。以上介绍的是地震发生时地下的破裂过程。

地震时汶川及附近地区的地面振动峰值速度沿北东方向也有两个高值区，与地下滑动量较大区域相对应。

汶川距北京1530km，地震面波传播所需时间约500s。北京地震台在地震发生约8min后记录到了汶川地震产生地震面波的到达。汶川地震发生在14时28分，而北京高层建筑居民感受到的震动时间则是14时36分。北京地面震动的（双）振幅约7cm，震动周期主要集中在5s和20s两个频率段；由于震动频率较低，这种震动不易被人察觉，但一些高层建筑的自由震荡频率与这两个地震波的频率段很接近，因而容易感到地震波的到达。

汶川地震和唐山地震哪个更大？我们选择一个与唐山和汶川距离相当的地震台——GRAl台站（德国：北纬49.7°，东经11.2°），比较该台对唐山和汶川两次大地震的记录，可以看出：汶川地震比唐山地震要强。汶川地震重灾区范围已经超过10万km^2，其强度和烈度都超过了唐山大地震。

2 汶川大地震诱发严重的地质灾害

汶川地震发生在地形陡峭的山区。这里每年的雨季都会发生滑坡和泥石流灾害。这次地震震动强度巨大，所起的破坏作用是普通的降雨根本无法相比的，因而引起了严重的滑坡和泥石流等地质灾害。汶川大地震诱发的地质灾害规模之大、数量之多、影响之严重，均为世界地震灾害史所罕见。

地震时，沿从汶川到北川的东北方向长500km、宽100km数万km^2范围内，发生滑坡和泥石流至少千处以上，小则几十万m^3，大则几千万m^3的巨石泥土从两侧的山上顷刻间滚滚流下，掩埋了村庄、道路和河流。汶川大地震导致大面积山体滑坡，堵塞河道形成堰塞湖，截至5月17日已发现堰塞湖20处之多。

大地震发生后的3天，是抢救伤员和压埋在废墟中幸存者的关键时间。受空前严重的滑坡和泥石流影响，几乎所有的生命线工程都遭到了破坏，通信中断、电力中断、信息中断、交通中断，救灾队伍和救援物资无法运送，给救灾工作带来了巨大的困难。

3 高效神速的汶川大地震救灾行动

巨大的自然灾害几乎每年都会在全世界的不同国家发生，仔细回顾过去发生的各种地震救灾情况，可以发现，在党和政府的领导下，像这次汶川大地震如此高效神速的救灾行动，在历史上是没有的。

地震灾害面前，党中央、国务院反应迅速，信息透明。地震当天下午，温家宝总理就在第一时间到达灾区指挥救灾；5

月16日，胡锦涛总书记亲临灾区并冒着余震进入震中视察工作；短短几天里，党中央接连召开多次常委会，研究部署地震救灾工作，调集十万大军进入灾区救灾。这充分体现了党中央、国务院与灾区人民心连心，人民子弟兵和灾区人民心连心，抗震救灾正演绎着中华民族同舟共济、共渡难关的生动画卷，充分体现了责任政府的效率和速度，也感动和震撼了全世界。

联合国在21世纪始提出的减灾口号是：发展以社区为中心的减灾战略。汶川大地震时，震中区的学校房屋倒塌严重，但由于自救、互救意识强，涌现了很多教师救学生、干部救群众、村镇居民互救的生动事例。这是有利于调动整个城市和整个社区的力量，有效地、综合地减轻包括自然灾害和人为灾害以及各种突发事件灾害的行之有效的方式。

4　重建汶川：一个美丽、安全的新城市

大地震的发生是难以避免的自然事件，减灾的目标就是通过科技活动寻找各种措施把地震灾害减到最小。地震学家未能预报这次汶川大地震的发生，在一定程度上是由于缺少地下的信息，目前的地震预报根据过去积累的经验。经验性预报所受的最大制约来自地震发生的复杂性，一次地震发生之前的现象很难在另一次地震之前简单地重演。地震学家们一定会从汶川大地震中汲取教训，坚定不移地探索地震预报这一世界难题。在地震学史上，一次如此巨大地震原地重复的例子极为罕见，对大地震来说，汶川将有一段百年以上的地震平静时段。汶川大地震几万同胞逝去的生命代价绝不能白白付出，让我们利用现代科学技术将汶川建设成为一座美丽的、全世界抗御地震最安全的城市，以此来告慰那些罹难同胞的亡灵。

建立灾害应对机制　打造农村平安社区

民盟广东阳江市委主委　郑尤坚

1　前　言

建设农村平安社区，是构建社会主义和谐社会的重要内容。发挥参政党的智力优势，组织力量为平安农村社区建设出谋献策，是民盟广东省委和民盟阳江市委今后参政议政工作重要任务。现就促进阳江农村平安社区建设的设想，请教于各位领导和专家。

1.1　阳江市概况

广东省阳江市，濒临南海，陆地面积7813平方公里，海域面积1.02万km^2，海（岛）岸线长达476km，总人口271万，其中农业人口176万，辖江城区、阳东县、阳西县、海陵岛经济开发试验区，代管阳春市。阳江市是被誉为“海上敦煌”的“南海一号”的进驻地，也是“中国优秀旅游城市”、“中国刀剪之都”、“中国风筝之乡”、“中国诗词之市”、“中华楹联之市”。近年来，阳江市经济保持良好的发展势头，去年全市完成生产总值395.8亿元，各项事业蒸蒸日上。

1.2 阳江市主要灾害特点

阳江市地处南亚热带和热带北缘过渡地带，属亚热带湿润季风气候区。气象灾害有暴雨洪涝、热带气旋、低温阴雨、干旱、雷暴、冰雹、大风、高温、浓雾等，1969年7月曾发生6.4级地震，长期以来。平均每月发生轻微地震20多次。根据多年的气象灾情数据统计，暴雨、热带气旋、干旱以及强对流性天气是我市最为常见、危害程度最为严重的气象灾害，其中又以暴雨和热带气旋造成的损失最大，雷暴灾害发生最为频繁。据统计，近年来，全市气象灾害造成的损失占所有自然灾害损失的95%以上，占同期国民生产总值的2%以上。多年来，中共阳江市委、市政府历来高度重视防灾减灾和公共安全工作，在防灾减灾和公共安全工作方面取得了一定成绩。但是，随着形势的不断变化，我市农村地区防灾减灾和公共安全工作也存在一定的困难，需要我们去研究解决。

2 促进阳江农村平安社区建设的设想

民盟阳江市委将计划用3至5年的时间，致力于促进阳江农村平安社区建设的全面推进。近期计划用2年的时间，在阳江市农村开展平安社区试点工作。民盟中央索丽生副主席、刘骆生副部长和民盟广东省委李竟先副主委直接领导此项工作，我们将利用全盟的专家力量和参政党的政治资源，在民盟中央委员、哈尔滨工业大学教授王绍玉等专家的主持下，有步骤有计划地开展阳江农村平安社区建设系列工作。

2.1 促进阳江农村平安社区建设的目的

通过系列工作，取得专项成果，为阳江市委、市政府加强农村公共安全体系建设提供决策参考。逐步推进阳江市更加科学系统、有序高效地开展防灾减灾、灾后重建和公共安全管理工作，有效地减少当地农民群众财产损失和人员伤亡，促进阳江社会经济健康、稳步、和谐发展。

2.2 促进阳江农村平安社区建设的工作内容

计划用3至5年的时间，围绕以下问题组织专家力量为阳江农村平安社区建设建言献策。

（1）组织专家力量编制阳江市农村防灾减灾和公共安全建设总体规划，为中共阳江市委、市政府加强农村公共安全体系建设谋划蓝图；

（2）组织专家力量设计阳江市农村防灾减灾和公共安全管理组织体系方案，为阳江市设立坚强有力、高效运作的农村防灾减灾和公共安全管理机构提供决策参考意见；

（3）组织专家力量编写阳江农村突发灾害应急预案，帮助阳江市建立科学的农村防灾减灾和公共安全管理的快速联动网络；

（4）组织专家力量建立和完善阳江市农村防灾减灾和公共安全管理制度体系，为阳江市农村落实防灾减灾和公共安全措施提供制度保障；

（5）组织专家力量研究探讨建立农村灾害补偿机制，帮助阳江市提高农村灾后重建的高效性和科学性；

（6）组织专家力量编写公共安全普及教材和公共安全普及方案，促进阳江市全民防灾减灾和公共安全意识的树立。

2.3 促进阳江农村平安社区建设的工作步骤

根据上述促进农村平安社区建设的工作内容，广泛吸收国内外建设平安社区的成功经验，有序安排促进阳江农村平安社区建设的工作。

2.3.1 调查摸底主要自然灾害特点

对阳江市主要自然灾害分布及其危害进行调查摸底，并科学分析灾害，评估灾情，为进一步开展促进阳江农村平安社区建设工作打好基础。

(1) 组织专家到阳江市调查灾害灾情，了解阳江市主要自然灾害地域分布特点及其危害程度；

(2) 组织专家对阳江市主要自然灾害进行分类归档，并做好灾害档案资料管理工作；

(3) 组织专家对阳江市主要自然灾害历史资料进行分析，梳理阳江市主要自然灾害资料，研究阳江市主要自然灾害历史发生规律；

(4) 组织专家撰写阳江市主要自然灾害评估报告，为研究制定突发灾害应急预案体系提供科学依据。

2.3.2 编制突发灾害预案体系

编制适合阳江市农村灾害风险管理和应急需要的突发灾害预案体系，加强阳江市农村救灾救济能力建设。

(1) 研究制定适合阳江市农村特点的灾害应急总体预案，形成阳江市应对突发灾害的指导原则、工作内容和主要措施；

(2) 研究制定适合农村社区需要的、有较强操作性的专项灾害预案体系；

(3) 研究制定灾害应急宣传计划，编写公共安全普及教材和公共安全普及方案。

2.3.3 建立公共安全设施体系及灾害应急物资储备体系

研究探索建立适合阳江市农村公共安全设施体系及灾害应急物资储备体系，改善灾害应急物资供给效率。

（1）根据阳江市主要自然灾害地域分布特点及其危害程度，规划阳江市灾害应急物资储备点；

（2）根据阳江市灾害应急物资储备点布局及交通运输网络，建立科学的、相应的应急物资调配机制；

（3）根据阳江市农村人口和社区公共安全情况，研究建立适合平时和灾时发挥作用的农村社区初级公共安全设施体系；

（4）研究加强农村社区公共安全建设的物资保障方案，改善农村社区公共安全应急物资供应条件。

2.3.4 研究探讨建立灾害补偿机制

建立灾害补偿机制是市场经济发展的客观要求和必然趋势，也是降低农业风险、提高农业抵御自然灾害能力的有效措施和基本保障。研究探讨建立灾害补偿机制，我们将组织专家解决相关问题，促进阳江市逐步把各方面用于农、渔等行业的风险准备基金，通过保险和被保险的责任契约有机地整合在一起，发挥补偿风险损失制度作用。

（1）探讨树立灾害补偿机制的科学理念并制定灾害补偿政策；

（2）探索建立灾害补偿机制的途径和方法；

（3）通过各种渠道，积极争取对建立农村社区灾害补偿机制的支持；

（4）探讨制定农、渔等行业保险制度。

2.4 近期促进阳江农村平安社区建设的工作计划

近期我们将在阳江市选择阳东县以及其所属两个乡镇和两

个村开展平安社区试点工作，取得一定经验后将组织专家力量编制阳江市农村防灾减灾和公共安全建设总体规划，促进阳江农村平安社区建设的全面推进。

（1）下半年组织专家对试点的主要自然灾害分布及其危害进行调查摸底，完成自然灾害评估报告，为研究制定农村社区（以试点县、乡镇及村为主）突发灾害应急预案体系奠定科学基础。

（2）明年初着手构筑试点农村社区的灾害风险管理体系，形成规范的、平时与灾时紧密结合的试点社区灾害管理模式，帮助试点整合减灾法规、信息、科技、应急管理、应急行动、物资储备、救灾救济、装备管理等部门力量。

（3）着手制定与试点社区管理体系相适应的防灾减灾和公共安全制度。根据灾害管理从灾前预防准备到灾时应急响应以及灾后恢复重建的管理环节，研究建立与试点社区管理机制相对接的包括灾害管理责任制度、灾害监测预报制度、灾害信息报告制度等方面的管理规范和相应的制度措施。

（4）制定适合试点实际的乡镇级和村级突发灾害应急总体预案。以研究建构农村基层组织（乡镇、村）有效的灾害反应机制为启动点，设计编写适用乡镇、村两级组织的灾害应急预案体系。为实现农村社区灾害风险管理关口的前移，加强农村社区应对各种突发灾害的反应能力，强化农民群众的防灾减灾意识，针对目前绝大多数农村基层组织尚未建立有效的灾害应急反应机制的实际，设计编写适合灾害风险管理和应急需要的突发灾害预案体系。

（5）帮助建立适合试点社区灾害风险管理和灾时应急需要的灾害预防志愿者队伍。以老党员、老干部和年轻力壮的村民为主体，研究建立适合农村社区灾害风险管理和灾时应急需要的灾害预防志愿者队伍。积极探讨开展农村社区防灾减灾教育的有效形式和方法，探索夯实农村社区灾害风险管理的群众基础的措施体系。

（6）参考国内外的成功经验，帮助建立适合试点社区的灾害补偿机制。以试点地区从事种植、养殖的农村大户为重点，探索建立农村灾害补偿机制的途径和方法，力争在较短的时间内提出推进此项工作的政策思路和措施建议。

（7）通过各种渠道，争取对建立农村社区灾害恢复机制的支持。积极联系民政部国家减灾中心、中国保监会、中国红十字总会、政府有关部门及相关国际组织，为推进试点争取外部资源支持。

（8）取得阶段性成果，形成切实可行的农村试点防灾减灾和公共安全建设建议，为阳江市委、市政府加强农村公共安全体系建设提供决策参考。

（9）探索总结民盟组织促进农村平安社区建设的经验，争创促进农村平安社区建设工作排头兵。不断探索民盟组织促进平安社区建设的新路子，总结探索民盟组织促进农村平安社区建设的工作机制，为开创促进农村平安社区建设工作新局面贡献力量。

构建科学、合理的灾害管理及运行机制

——2008 年 7 月 18 日在“灾害与社会管理”论坛的讲演

民盟中央经济委员会主任
中国人民大学教授　郑功成

在汶川大地震发生两个多月后，民盟中央在此举行以汶川大地震为主题的第六届“灾害与社会管理专家论坛”，有着特殊的意义。5 月 12 日发生在我国四川的汶川大地震，确实让我们民族承受了一次巨大的灾难，尽管中央政府强有力的指挥对汶川大地震的快速救援及其成效赢得了全世界的充分肯定与称赞，灾后重建工作也正在紧张进行中，但已经付出的惨烈代价及心灵创伤却是无法弥补了。因此，汶川大地震再次揭示了自然灾害的巨大破坏力，再次证明了减轻灾害以及构建科学、合理的灾害管理及运行机制的极端重要性。

借此机会，我想从宏观的角度，就我国灾害管理及运行机制的构建讲四个基本观点：一是认为构建科学、合理的灾害管理及运行机制具有必要性、紧迫性；二是主张树立避防为主、生命至上、高效救援的新灾害管理理念；三是建议确立集权应急与分责管理的灾害管理体制；四是初步提出一个多维互动的灾害管理运行方案。

1　完善灾害管理及运行机制具有必要性、紧迫性

强调加快完善我国的灾害管理及运行机制具有必要性、紧迫性，主要基于以下三点：

（1）各种灾害虽然可以减轻，但不可避免，灾害尤其是重大灾害的损害后果，因人口密度提高与财富积累增长而显得越来越严重，特别需要认真防范、强化管理。中外许多灾难事实已经表明，同样强度的灾害事故，发生在过去、现在及将来，或者发生在人口稠密地区与人口稀少地区，其损害后果都会是不一样的。如果汶川大地震发生在32年前，不可能有现在这样惨烈的后果，因为那时受灾地区的人口与物质财富都不可能有现在这样多，人口流动的规模也几乎可以等于零；但若唐山大地震发生在现在，其损害后果可能更为惨烈，因为人口密度在持续提高，物质财富积累在持续加快，地震造成的财产损失可能是32年前的上百倍。可见，随着国民经济的持续发展、财富的日益积累、工业化与城市化进程的加快，以及人口流动与人口聚居的相对集中，灾害及其损害后果也是持续上升的，对灾害实行科学管理并通过合理的管理体制与高效的运行机制来减轻灾害及其危害后果，不仅是必要的，而且具有紧迫性。尤其需要指出的是，今天对灾害的有效管理，不仅是在维护人类自身的安全，也是在创造物质财富，至少是在直接减少或者避免物质财富的损失，它产生的无疑是一种正效益。因此，发展是硬道理，应当包括对灾害实施有效的管理也是国家发展进程中的硬道理。

（2）灾害在发展，灾害管理与运行机制也需要做出调整才能适应灾害的发展。一方面，洪水、地震、台风等在内的各种自然灾害都在不断发展，其发生频率及危害后果实际上在上升，许多自然灾害已经打上了人类自身不当活动的烙印，如气候变化带来的自然灾害的异常化就正在日益显著地影响着整个世界；而各种人为事故也在持续上升，包括恐怖主义等在内的新型灾害不断出现，这些灾害不仅对经济社会的正常发展产生重大的负面影响，而且是对人类安全与社会环境的严重威胁。另一方面，与计划经济体制下高度集中的调度与统一的国家—单位保障制相比，市场经济条件下的利益分割格局与市场机制作用无处不在，灾害管理及其运行机制面临着更为复杂的局面。例如，在计划经济体制下，国有经济一统天下，国家、企业与职工个人利益高度一致，重视安全生产教育和防范灾害事故成为国有企业的当然义务，开展农村水利基本建设及各种防灾工程可以令行禁止，一旦发生灾害事故，受灾者也都能够从定型、稳定的国家与单位保障制度中获得相应的补偿；而在市场经济条件下，企业成为追逐利润最大化的市场主体，安全防范开始被忽略，灾害补偿机制又还未形成，社会保障制度依然残缺，对灾害进行避防、管理、救援都很难照搬计划体制下的做法了。因此，现阶段灾害事故的恶化及管理环境的改变，迫切要求同时创新与完善灾害管理及其运行机制。值得重视的一个现象是，在灾害持续发展的背景下，自然灾害对一个国家的破坏力，对一个国家安全的威胁程度，在很大程度上取决于该国政府对国家的控制力和应变能力，管理能力强的政府可以预先充分做好准备甚至成功避防危险，而管理能力弱的政府则只能被动地等待灾害的打击，甚至在灾害发生后也无所适从，最终还会放大灾害的损害后果。在我国汶川大地震之前，缅甸也发生了较严重的自然灾害，因为缅甸政府管治能力弱、灾后救援不力等原因，实质上放大了灾害损失，酿成了超越自然灾害破坏力的震惊世界的重大灾难性后果。因此，应当通过建设与完善灾害管理及运行机制，将管理灾害的能力纳入国家执政能力与施政能力建设的范畴，并具体落实到党和政府的管治理念与行为之中。

（3）灾害管理实践中的问题值得高度重视。无论是2008年春节期间发生在南方数省的冰雪灾害，还是5月发生在四川的汶川大地震，我们都可以发现这样两种现象：一是受灾地区在这些自然灾害发生前，几乎都缺乏避防灾害的有效措施，冰雪灾害发生前建设的各种公共设施绝少考虑如何避防此类灾害，部分地区在冰雪灾害发生初期甚至没有任何应变措施；处于地震风险极高的汶川大地震灾区，许多建筑物根本不考虑防震安全，本来应当成为震区居民避难所的一些学校更是成为最脆弱的受灾点，在大地震发生后，因缺乏当地详细的地质、地形资料而无法十分清晰地了解震区实际情形，直到三天后采取航拍遥感技术获得震区灾情图片，才为中央做出利用空中力量等介入灾后救援的正确决策提供科学的依据，从而在一定程度都说明了确实存在被动地接受自然灾害打击的现象，灾难造成的损害后果当然会加重。二是在发生重大灾害时，都可以看到中央主要领导同志在亲力亲为，胡锦涛总书记对冰雪灾害与地震灾害给予了异常高度的关注，甚至亲自出面动员一些地方加大帐篷、活动板房生产产量，对具体的灾后救援发布指示；温家宝总理在冰雪灾害期间两度奔赴湖南，汶川大地震后更是四度亲赴灾区，时刻关注着震区灾情及灾后救援。这一方面当然表明了中央主要领导同志的爱民与亲民作风，他们是值得人民衷心爱戴的好领袖、好领导，但另一方面也表明了我国的灾害管理体制及运行机制确实存在着问题甚至是严重的问题。如果不是国家主要领导同志亲自出面处理灾害危机，在这样的重大自然灾害面前，抢险救灾工作就可能处于无序、失范甚至无所适从的状态，灾区、职能部门乃至公众对重大灾难显露出来的反应迟钝给人印象深刻，如春节期间的冰雪灾害持续多天才引起受灾地区及有关部门重视，汶川大地震发生后许多人都低估了大地震的严重后果，以至于一开始时并未引起人们足够的重视。这种现象表明了我国的灾害管理及运行机制确实急切需要完善。

2　应当牢固树立避防为主、生命至上的新灾害管理理念

在构建各种制度安排或者管理运行机制时，我始终认为，理念要优于体制，体制要优于技术。没有科学的理念指导，不可能设计出合理的体制或者制度安排，没有合理的体制或者制度安排，再优良的技术方案也不可能取得预期效果。因此，在灾害管理及运行机制构建中，确立科学的理念至关重要，只有在科学的理念指导下，才能设计出合理的体制或者制度安排，只有确立合理的灾害管理体制，才能选择优良的技术方案并确保灾害管理取得预期成效，实现预期目标。

与时代发展相适应的新灾害管理理念，我认为应当是“避防为主、生命至上、高效救援”。这种理念与以往将灾害管理等同于灾后管理，以及在实践中表现出来的重视人力投入忽视科技投入、重视救灾忽视避防、重视公共利益忽视个人生命财产权益等理念相比，无疑更加具有积极意义、人本意识。

“避防为主”的新灾害管理理念，是因为各种灾害都是对

人而言的，都是以损害人的生命与健康及财产为代价的，只有避防灾害，才能真正减少各种灾害的发生与发展，增进人类自身的安全。因此，我主张对自然灾害应以“避”为主，对人为灾害应以“防”为主。“避灾”适用于自然灾害，它强调的是要尊重自然、敬畏自然，追求天人和谐，而不是与自然对着干，追求人定胜天，避灾不是消极做法而是积极的应对自然灾害的举措，不是被动遭受自然灾害的袭击，而是在主动适应自然规律与自然法则的条件下维护人类自身的安全并实现其发展目标。所以，我不太主张“抗灾”而主张“避灾”，“抗灾”是将自然视为对手甚至敌人，往往是在自然灾害来临时的无奈之举，而“避灾”则是将自然与人类视为一体，是灾害发生前的主动措施，不能不说，在这方面我们曾经有过许多教训。例如，汶川大地震时，可以发现震前对房屋建筑的防震标准缺乏强制规范，震时几乎没有任何可供灾民避难的场所，在国外能够供灾民避难的学校、医院，在这次大地震中恰恰是非常脆弱的地方；再联系到现在的城市建设，到处都是紧密的楼房森林，很少有空地供市民避难之用，等等，可以发现问题其实是很严重的。“防灾”适用于人为灾害，它强调的是在生产、生活活动中强化灾害与风险意识，对各种人为灾害事故做到事先积极防范、科学防范、有效防范。事实上，各种人为灾害事故都是可以防范的，尽管不可完全避免，但减少人为事故及其危害后果是完全可以实现的目标。如矿难、交通事故等等，都可以通过相应的制度安排与管理措施来得到有效防范。在这方面，由于不重视事先防范，我们同样付出过并依然在付出沉重的代价。因此，新时代的灾害管理应当牢固确立避防为主的理念，通过事先的避防来将灾害减少到最少，将灾害损害后果减轻到最小。

“生命至上”的新灾害管理理念，包括几层涵义：一是对所有人的生命与健康都应当倍加珍惜，因为人的生命毕竟只有一次，人的健康事关人的一生；二是以维护人的生命安全与健康作为避防灾害的基本出发点；三是灾害发生后应当救人优先。它是以人为本的具体体现，是人类社会对自身安全需求的真切反映。四川汶川大地震发生后，政府在救灾中对灾区生命的高度珍视以及对死难者的举国哀悼所引起的强烈共鸣与反响，表明了生命至上的新灾害管理理念不仅是人民内心的自然要求，而且是时代进步与社会发展的必然要求，从而也是对生命至上的新灾害管理理念的最好诠释。如果能够将生命至上的理念落实到灾害管理的全过程，各种灾害中的生命代价一定大为减少。这方面，日本在无法避震条件下的防震意识及防震措施、德国作为制造业大国长期不懈追求的零工伤目标，等等，都创造了在同样灾害或者风险面前的最小的生命代价的示范，非常值得我们学习与仿效。

“高效救援”强调的是灾害发生时及发生后，能够及时把握灾情及其发展状态，迅速采取救援措施，包括有效组织力量抢险、及时抢救受灾居民、及时提供灾区需要的各种资源、有序控制各种灾害后果的蔓延，尽可能将生命与健康损失减少到最小。要实现这样的目标，当然需要确立高效救援的理念，灾害管理中的效率就是最大限度地减少人员伤亡、尽可能地减轻财产损失。

如果真正确立了“避防为主、生命至上、高效救援”的新灾害管理理念，并用这种理念来指导相应的制度安排与政策措施，国家对灾害的管理便一定会取得减灾与减损的双重效果。

3 需要尽快确立集权应急与分责管理的灾害管理体制

在避防为主、生命至上、高效救援理念的指导下，合理的灾害管理体制应当是集权应急与分责管理相结合的体制。从现实出发，灾害管理体制从临灾应急机制走向常态化是必由之路，而法定、统一、有序、权威应当成为我国灾害管理体制的追求目标，权责配置则是灾害管理体制的核心，而统筹、协调则是灾害管理的基本任务。

（1）完善灾害及与灾害相关的法制，将灾时应急问责制真正转变到常态化的制度问责制。从我国法制建设的现实出发，按照避防为主、生命至上、高效救援的理念，在进一步修订完善《防震减灾法》、《防洪法》、《安全生产法》、多部《污染防治法》等与灾害直接相关的法律，以及《建筑法》、《水利法》、《城乡规划法》、《教育法》等与人的生命安全与健康相关法律的同时，还应当抓紧制定《紧急状态法》、《救灾法》、《住宅法》等新的法律。通过法律明确规范各机构与组织乃至领导干部的灾害管理职责、任务，同时将灾时应急问责制真正转变到常态化的制度问责制至关重要。例如，如果能够在《建筑法》中明确学校、医院为公民避难场所，则其建筑标准必定要高于一般建筑物；如果通过制定《住宅法》并明确住宅建筑中的防灾与消防设施，则灾害及其损害后果必定能够获得有效的控制。当然，还有一系列的法律问题都需要通过进一步完善法制才能获得解决，如这次汶川大地震中死难者的遗产处理问题、债务处理问题、志愿者的权益维护问题，以及社会捐献的有序组织与合理使用问题等等，都急切需要法律规范与约束。

（2）设置紧急状态管理局，集权应急。中国是一个大国，又是一个灾害多发的国家，每年几乎都会发生大的水灾、旱灾、台风等灾害，如果再加上地震及其他偶然发生的重大灾害，对重大灾害的管理其实不可能再是一项偶然需要的管理，而是迫切需要一个常态化的灾害管理机构。在这方面，建议借鉴美国做法，在中央政府下设一个紧急状态管理局，直属国务院总理指挥，赋予其临机决断的充分权力，由其承担确定重大灾害事件并指定救灾参与部门，协调应变全面工作，负责地方支援和实施救灾与重建计划等。换言之，是由一个常设的紧急状态管理机构来替代现在的临灾设置的指挥部。近期在国务院办公厅内设机构设置中，虽然增设了应急管理办公室（总值班室），但它还不是一个相对独立的灾害管理机构，应当在这一机构的基础上充实成为相对独立的紧急状态管理局，以便专司灾害管理尤其是重大灾害的应急管理之责。在设置这样的集权机构的同时，还可以借鉴日本经验和这次汶川大地震后已经采取的重视专家作用的做法，设置防灾顾问机制，以便集中各方面专家及技术官员的经验与智慧，无灾时提供避防各种灾害的咨询建议，灾时提供救灾与灾后重建的咨询建议。在中央层级解决了统一管理机构与咨询机构的条件下，地方也可以照此设置。在这次汶川大地震中，四川省就缺乏统一的灾害管理协调机构与机制，地方与中央在灾害管理职能机构及职责方面并不完全对口，以至对灾后救援造成了一定的不利影响。从而同样值得进一步完善。

（3）明确政府职能部门在灾害管理中的职责分工，让各职能部门在各司其职的基础上分担灾害管理责任。例如，发展与改革委员会承担对根据避防灾害的原则进行合理规划城乡发展与产业布局等职责；地震、气象、水利、环保等部门承担着监控灾害、避防灾害及处理灾害的重要职责；财政部门承担着完善避防灾害的财政政策与救灾供款等职责；民政部门承担着安置灾民、救济灾民生活、确保灾民生活无忧的职责等；卫生部门承担着灾区公共卫生与传染病防治及组织医疗服务队开展救死扶伤、治疗与康复以及心理抚慰等职责；住房与建设部门承担着住房与公共设施建筑安全等职责；安监部门承担着防范、监管、处理各种安全事故的职责；公安部门承担着交通安全等职责；税务部门承担着完善与减灾与灾害相关的税制调整及实施职责；审计部门承担着对政府救灾资金及民间捐献款物的使用进行审计的职责，以解除人们对救灾资金与捐献款物使用安全的担心，杜绝贪污挪用现象；还有金融监管部门承担着妥善处理灾后金融问题的职责，保险监管部门承担着督促保险公司按合同赔偿的职责，司法部门承担着惩办违法犯罪现象的职责，等等。只有各职能部门切实承担起自己在灾害管理中的责任，灾害才可能获得减轻。只有切实按照避防为主、生命至上、高效救援的理念及法律规范推行问责制，才能促使相关机构、组织及其领导者真正承担好自己的职责。

（4）统筹与协调至关重要。部门分割、资源分散是我国行政系统的不良积习，在灾害面前，如果缺乏统筹与协调，不仅无法有效避防灾害，而且往往直接放大灾害后果，造成资源浪费。因此，在职责法定、统一指挥的条件下，还需要有灾害信息共享平台、便捷沟通的途径和对各职能部门相互配合的责任要求。在重大灾害面前，往往会造成原有的通信渠道中断，对灾区灾情的信息搜集与及时发布就显得异常重要；遭灾地区与遭灾单位乃至个人对灾后救援的需求信息是否准确与及时，往往是高效救援的前提条件。唯有如此，灾害管理才会取得事半功倍的效果。灾后救援才能事半功倍。

此外，还应当明确中央与地方在灾害管理中的职责划分，选择分级负责制是理性的选择。在今年春节期间的南方冰雪灾害与四川汶川大地震中，地方政府的职责就并不明晰，中央政府成为直接的灾害管理者，中央主要领导同志站到了灾害管理的火线或者第一线上，这样的现象个别出现还可以，如果演变成惯例就不正常了，因为地方政府更加全面了解本地区的实际情况及灾害发生规律，从而更应当承担起管理本地灾害的主要责任。因此，灾害管理应当确立分级负责制度，切实贯彻强化基层、强化企业、强化地方政府管理职责的原则。

4 合理构建相互协调的多维灾害管理运行机制

在当代世界，许多灾难事实告诉我们，无论是政府、社会还是企业、家庭或者个人，都不可能单方面应对灾难尤其是重大灾难，而是必须同时调动政府、社会、企业、个人的力量，汇集公共资源与民间或社会资源，才能实现灾害管理应当追求的减少灾害、减轻灾害后果和最大限度地保障生命与健康安全的目标。因此，灾害管理强调集权应急与分责管理，而有效管理灾害问题的运行机制却需要利用政府机制、社会机制、市场机制及家庭或个人的力量，乃至国际合作机制等，从而一定是相互协调的多维运行机制。先进的灾害管理运行机制，一定是能够充分调动政府、社会、市场及个人资源与力量的机制，是法律强制与利益引导相结合的机制。

在多维运行机制中，政府机制无疑居于主导地位，这种主导地位主要体现在以下几个方面：一是推动立法，对灾害的避防标准与政府救灾工作做出强制性规范；二是调整财税政策，对灾害的避防与灾后救援等给予强势引导；三是切实承担政府的公共管理职责，组织、协调、监督各职能部门、企业、社会组织乃至于家庭或者个人实施避防灾害与灾害救援；四是合理利用公共资源并努力整合社会资源、市场资源，共同避防灾害，并解决灾害发生后的紧急救助等问题；五是有效协调灾害管理中的军政关系、官民关系、受灾区与非受灾区关系、受灾群体与非受灾群体的关系；六是确保灾民生活及灾区社会秩序等。

强调政府主导灾害管理及其运行，并不等于由政府包办灾害管理，或者可以由政府替代社会机制、市场机制，而是让政府在依法承担其职责的同时，也要充分调动并发挥社会机制、市场机制的作用，并增强家庭与个人的风险意识与灾害管理能力。无容置疑，在我国现阶段的灾害管理实践中，社会机制与市场机制的作用都还没有得到很好的发挥，家庭与个人的风险意识亦不强，主动避防灾害的意识淡薄，自觉采取避防灾害行动的更少。即使在灾害发生后，社会机制、市场机制及家庭与个人发挥的作用亦有限。例如，2008 年春节期间发生在南方数省的冰雪灾害中，社会组织几乎未有参与救灾，作为灾害与风险管理市场主体的保险公司付出的灾害损失赔款仅仅占整个灾害损失的 2%；在四川汶川大地震中，社会组织参与虽然较多，志愿参与救灾的个人更是号称百万之众，募集的慈善款物也空前地达到了 500 多亿元人民币，但无序、失范及浪费现象依然不乏罕见，保险公司对地震灾害的赔款占灾害损失更是不到 1%，大大低于公众的期望。这种现象不仅决定了政府承担的灾害管理责任重大，而且非常不利于培养国民与各种组织的风险意识，更不利于提高整个社会的灾害管理技术与水平，从而是一种有缺陷的灾害管理运行机制。因此，必须尽快构建多维灾害管理运行机制，充分发挥出社会机制、市场机制与家庭及个人的积极性与灾害管理的能量。

就社会机制而言，需要大力发展各种与避防灾害和灾害救援相关的社会组织，如环境保护、灾害防御、慈善事业、救灾、红十字会等团体及各种志愿者协会都值得大力发展，还有工会、妇联、残联、青年团等人民团体，它们应当成为国家灾害管理的重要力量，甚至是整个灾害管理的社会基础。让这些社会组织自觉、有序地承担起避防灾害与开展灾害救援活动，既能够充分发掘社会各界的物质资源，亦可以调动巨大的人力资源，从而是管理灾害问题的十分重要的力量。这次四川汶川大地震激发了公众空前的志愿热情，但也存在着无序现象，有的志愿者自发奔赴灾区虽然精神可嘉，却也有因车辆出事或者其他原因反而影响了灾害救援的现象；这次地震激发出社会各界的捐献热情，但捐款中的无序状态亦很明显，某所中学居然被捐献4亿多元，而许多受灾学校却得不到捐款，从而留下了不良的后遗症。因此，社会机制在灾害管理中的作用十分重要，在大力发展各种与灾害相关的社会组织的同时，确实需要法制规范、有序引导，这样才能避免社会资源的浪费，并真正发挥出社会机制的功能作用。

就市场机制而言，关键在于发展各种商业保险业，包括各种人身保险与财产保险。政府应当率先树立风险意识与保险意识，将公共设施投保商业保险列为公共管理的必要内容，以便将公共设施不确定的灾害损失转化成为确定的可以控制的财政成本支出，防止灾害对国家财政造成不正常的冲击；企业、社会组织与家庭或个人的灾害损失补偿及灾后重建，应当主要通过参与商业性保险机制来分散风险与损失，依靠保险公司的赔款来解决损害补偿问题。现实中政府救灾中的过多包办其实不利于企业、组织及家庭或个人树立风险防范意识和提高风险管理技能，从而应当有较大力度的矫正。

对家庭与个人而言，同样应当有灾害避防意识与风险意识，并自觉掌握安全避防灾害的知识、保险知识及遇灾自救知识，同时能够自觉实施避防灾害与管理风险的措施。

此外，还需要有效的国际合作机制，这次汶川大地震后的国际合作是成功的，不仅获得了许多国家的宝贵的物质支援，而且赢得了可贵的精神支持，表明了自然灾害与重大事故是人类面临的共同的敌人，通过有效的国际合作机制更有利于促进当代世界的团结与协作。当然，国际合作机制如果能够前移到避防灾害阶段，效果将会更加良好。无论是国外完善的避防灾害法制建设，还是对灾害监控的技术手段，都有值得我国学习借鉴、引进的地方。

如果在政府机制的主导下，充分调动了社会组织、企业、个人的避防灾害与管理灾害的能动性，发挥社会机制、市场机制的有益作用，运用好国际合作机制，灾害问题就必定得到有效控制，最终必定会将人民的人身伤害后果与财产损失降低到最低程度，而这才是灾害管理的最终目标。

灾后重建规划问题研究

中国灾害防御协会副秘书长　金磊

引　子

“5·12”汶川大震已聚焦国人及世界人民的“眼球”，在倾国抗灾救灾的大会战中，一切力量在以人为本的信念下集结，做到了快速反应、快速营救、快速突进、快速支援。防灾减灾理念也经历了“从救财产，到救生命，再到救心灵”的变化。在重建家园中越来越多地注入要重建物质与文化并重的家园的内容，其核心理念是可持续的灾后重建策略。

温家宝总理曾在2008年“两会”的答记者会上说“2008年是国内经济最困难的一年”。当时的分析仅仅基于国际国内的许多不确定性，但自“5·12”汶川8级特大地震后，更为温总理所预言的“最困难”增加了一个最具说服力的注解。面对重整河山，面对灾后重建需理性务实的越来越多的呼唤，中央财政2008年特先安排700亿，建立灾后恢复重建资金。5月23日晚在列车上召开的国务院抗震救灾总指挥部第13次会议上，成立了由发展改革委、四川省政府、住房部组成的灾后重建规划组。国家要求：要在国家汶川地震专家委员会进行现场调查研究、科学论证、地质地理条件评估和建设项目科学选址的基础上，力争用3个月完成重建规划总体方案。为此，住房部已经框定“灾后安居路线图”，它表明灾后重建工作已经开始，如住房部已组织3批共数百名专家进入四川灾区，展开危震房屋建筑的安全评估工作。按“可使用”、“需加固限制使用”、“危险禁止使用”三种类型，分别用绿、黄、红三种颜色对地震区建筑物作出标识。本文所指的灾后重建是指永久性灾后重建，是庞大的系统工程及复杂的交叉科学。最一般地说，它至少涉及清理废墟、善后处理、新城选址、规划设计、建筑标准调整、建设资金搭配等内容；面对震后山体移位、河流改道，曾经的青山绿水的家园旧貌能否重现？道路扭曲、城市被撕裂，曾经井然有序的生产与生活秩序能否恢复？这是不少灾区干部及各界人士所关心的。

1　中国西部灾情的再认识

翻开中国西部历史，关于灾难的征兆较多：地震、地质灾害、洪水、干旱、沙尘暴、瘟疫及地方病灾，一直制约着西部的生存与发展。

2008年5月12日的四川汶川8级地震是20世纪以来中国西部较为严重的一次大震。应该说，近年来在西部大开发的倡导下，各界在关注西部危情时，着力点在生态环境及沙尘暴的治理上，忽略了对西部固有重大自然灾害“国情”的分析与传播，不能不说使本来就难以预测的地震的危险性的预知增加了难度。早在2000年8月在中国灾害防御协会主持下，出版了《西部开发的警示——灾变防范·安全投资·决策指南》一书，曾较全面地梳理并分析了历史与今天发生在中国西部的灾情。据1998年的统计，占全国陆地国土总面积56.8%的西部地区，国内生产总值只占全国的1/7，人均只相当于东部的40%左右，造成了我国西部地区相对不发达且灾害种类多。仅以地震为例：

中国西部是构造活动极为强烈的地区，由于印度板块与欧亚板块的碰撞，中国东部向西部推挤的联合作用，使西部地区有呈一定方向的多条活动断裂带。西部地区的地震大多位于地下30~40公里处，对地表及建筑物造成较大破坏；地震活动周期短，青藏高原南部、天山地区的地震活动周期分别为几十年和一百年。从1902年8月22日新疆阿图什8.25级大地震到1996年2月3日云南丽江7.0级大震，20世纪历经百年，西部共发生7级以上大震27次，其中震中在四川的有5次之多（1923年3月24日炉霍—道孚间7.3级、1948年5月25日理塘7.3级、1955年4月14日康定7.5级、1973年2月6日炉霍附近7.6级、1976年8月16日松潘—平武间7.2级等）。研究表明：以东经107.5°为界，我国大陆西部的地震活动频次与东部比例为6.7∶1，地震释放能量之比高达25∶1。西部县镇以上城镇25公里范围内遭遇过6级以上地震影响的有227个，有7级以上地震记载的有55个，西部地区总共1083个城镇中有608个位于地震烈度Ⅷ度及以上区域。据国家地震局研究报告预测，未来50年西部地区南北地震带活跃，地震遵循西密东疏、西强东弱的规律，西部城市地震灾害会加剧，西部大开发非充分重视地震灾害不可。

从综合灾情出发，西部除了严重的地震与地质灾害外，还有水资源安全、水旱灾害、气象灾害、沙漠化灾害、农林牧灾害、地方病与流行病灾害等。要看到，近年来西部大开发已如箭在弦上，不得不发，但应更清醒地认识到，由于西部地区生态环境的脆弱，综合抗灾能力的低下，任何开发建设项目都要按总体规划去做。要通过“5·12”四川汶川大地震，提升西部城乡规划政策研究在防灾减灾认识上的“起点”，进一步提升防灾减灾在西部城市化建设及其开发建设中的基础性地位。

20 世纪中国西部 7 级以上破坏性大震一览表

编号	发震时间	震级	宏观震中		参考地名	震中烈度	主要震害
			北纬	东经			
1	1902 年 8 月 22 日	8.25	39.9°	76.2°	新疆阿图什附近	≥Ⅹ	极震区土木结构房屋全部倒塌，死亡约 500 人，地裂严重
2	1906 年 12 月 23 日	8	43.5°	85.0°	新疆沙湾南	Ⅹ	极震区倒塌房屋 2000 余间，压死 280 余人，非常严重的地裂缝，严重的崩滑
3	1913 年 12 月 21 日	7	24°09′	120°27′	云南峨山	Ⅳ	极震区官房全倒，民房倒塌 80% ~90%，山区到处崩滑，有地裂，液化，死 942 人，伤 1121 人
4	1913 年 12 月 21 日	7.5	43.5°	91.5°	新疆巴里坤附近	>Ⅷ	极震区建筑物倒毁，砸死 1 人，有山崩
5	1915 年 12 月 3 日	7	29.5°	91.5°	西藏桑日附近	Ⅸ	极震区建筑物几乎全倒，有人畜伤亡
6	1923 年 3 月 24 日	7.3	31.5°	101.0°	四川炉霍—道孚间	Ⅹ	极震区房屋倒塌几尽，有山崩、地裂，死数千人
7	1927 年 5 月 23 日	8	37.7°	102.2°	甘肃古浪	Ⅺ	极震区窑洞全塌，房屋倒塌 90% 以上，其他建筑物也几乎全倒，地裂缝与滑坡严重，古浪县死 4000 余人
8	1931 年 8 月 11 日	8	47.1°	89.8°	新疆富蕴附近	Ⅺ	崩滑地裂非常严重

续表

编号	发震时间	震级	宏观震中		参考地名	震中烈度	主要震害
			北纬	东经			
9	1932年8月25日	7.6	39.7°	96.7°	甘肃玉门昌马	X	昌马地区86.5%以上的房屋倒塌,地裂缝非常严重,伴随其他地表变形现象,塌陷、山崩、液化
10	1937年1月7日	7.5	35.5°	97.6°	青海阿兰湖东	X	有特大地裂缝,另有崩滑、液化
11	1941年5月16日	7	23.6°	99.4°	云南耿马附近	Ⅸ	极震区建筑物倒塌严重,地裂缝有长10余公里者,有山崩、地裂、液化
12	1941年12月26日	7	22.7°	99.9°	云南澜沧	Ⅷ	房屋有倒塌者,崩滑较严重,有地裂、液化
13	1948年5月25日	7.3	29.5°	100.5°	四川理塘	X	极震区建筑物几乎全部倒塌,雁形状排列的地裂缝延伸70公里,液化较严重,有崩滑,死800余人,伤数百人
14	1949年2月24日	7.3	42.0°	84.0°	新疆库车东北	Ⅸ	库车全县倒房3884间,死10人,伤17人,有地裂、液化、山崩
15	1951年11月18日	8	31.1°	91.4°	西藏当雄附近	≥X	地裂缝严重,有液化、建筑物倒塌或破坏
16	1952年8月18日	7.5	31.0°	91.5°	西藏当雄东北	X	建筑物倒毁,人畜伤亡严重,地裂缝带可长达50公里,最宽可达5米,有滑坡、液化
17	1954年2月11日	7.25	30.0°	101.3°	甘肃山丹东北	X	倒塌房屋3804间,窑59孔,损坏房屋3473间,压死47人,伤332人,极震区有蜿蜒达20公里的破裂带,高裂度区崩滑普遍,有液化

续表

编号	发震时间	震级	宏观震中		参考地名	震中烈度	主要震害
			北纬	东经			
18	1955 年 4 月 14 日	7.5	30.0°	101.7°	四川康定折多塘一带	Ⅹ	极震区康定折多塘一带木结构土石墙房屋倒塌90%左右，其中全部倒平者50%左右，城乡共倒塌房屋600余间，山崩、地裂严重
19	1963 年 4 月 19 日	7	35.7°	97.0°	青海阿兰湖附近	Ⅷ+	山崩、地裂等
20	1973 年 2 月 6 日	7.6	31.30°	100.70°	四川炉霍附近	Ⅹ	建筑物倒塌，地裂缝非常严重，崩滑严重，灾区共有房屋22008幢，倒塌15700幢，破坏2867幢，其余损坏，共死亡2175人，伤2756人，损失各类牲畜40427头，粮食2011801千克
21	1974 年 5 月 11 日	7.1	28.20°	104.10°	云南大关北	Ⅸ	房屋破坏面积约2300平方公里，坏房屋66000余间，其中倒塌28000余间，死亡1423人，高裂度区崩滑，地裂缝普遍而严重
22	1976 年 5 月 29 日 20 点 23 分	7.3	24.50°	99.00°	云南龙陵	Ⅸ	死亡92人，极震区穿斗木结构房屋约1/3倒毁，7度以上地区内，崩滑与较大规模的地裂缝较普遍
23	1976 年 5 月 29 日 22 点	7.4	24.60°	98.70°	云南龙陵	Ⅸ	两个极震区之一房屋倒毁约1/3，有地裂、地滑，另一个表现为花岗岩山坡的大面积崩滑——山剥皮

续表

编号	发震时间	震级	宏观震中		参考地名	震中烈度	主要震害
			北纬	东经			
24	1976 年 8 月 16 日	7.2	32.60°	104.10°	四川松潘—平武间	Ⅸ	极震区山崩滑剥落严重，地裂缝较严重，局部泥石流成灾，建筑物破坏，有倒塌
25	1985 年 8 月 23 日	7.2	39.20°	75.30°	新疆乌恰南	Ⅸ	倒房 3 万余间，死 67 人，约伤 200 人，地裂缝带长度可达 7 公里，有崩、滑、液化
26	1990 年 4 月 26 日	7.0	36.1°	100.1°	青海共和	Ⅸ	地震造成死亡 119 人，伤 2049 人，房屋倒塌 21200 间，损坏 668000 间，经济损失达 2.7 亿多元
27	1996 年 2 月 3 日	7.0	27.2°	100.3°	云南丽江	Ⅸ	死亡 309 人，伤 16912 人，毁坏房屋万余间，损坏 1601.5 万余间，直接经济损失 25 亿元，51 个乡镇遭到破坏，波及人口 107.5 万余人

来自大地震灾例的启示：

1920 年 12 月 16 日，晚 8 时 06 分，宁夏海原黄土高原六盘山山区剧烈晃动，极震区 2 万平方公里内房倒屋塌，惨象寰生，地震波环绕地球 7 圈，强烈的震动持续近 20 分钟，全球 96 个地震台全部记录到这次大震，有“环球大震”之称。在这场 8.5 级大震过后的一年间，各类次生灾害共造成宁夏、甘肃近 80 万灾民死亡，从能量上看，它相当于 11.2 个唐山大地震。如今，站在海原干盐池域旧城墙望去，四面城墙依在，只是破损之处抬眼可见，令人惊奇的是，当年沿西城墙而建的盐工工作间、长排凿洞却清晰可见。在这始建于宋代复修于明代的干盐池域，城垣东西长800米，南北宽450米，城墙黄土夯筑，开东西二门并绕以瓮城，地震发生时，地裂缝自城东南隅斜穿全城，房屋倒塌殆尽，崩坍的夯土城墙至今未修复。之所以追溯海原大地震，是因为它已经成为令全球关注的“活教材”，地震及破坏起因是处于特定的地质构造环境决定的，如今在“海原活动断裂带”240公里范围内出现的断头沟、断尾沟、断塞塘、槽形谷等异常地貌，发布着古往今来的地震信息，是建筑抗震界难得的“活教材”。

2005巴基斯坦北部7.8级地震灾害的启示：2005年10月8日11时50分（北京时间）巴基斯坦北部地区发生7.8级大震（北纬34.4°，东经73.6°），震源深度约10公里，是100年来该地区遭受破坏性最大的地震，应巴基斯坦政府请求，2005年10月9日，中国国际救援队赶赴巴基斯坦地震灾区。巴拉考特镇及周边地区为此次地震的极震区，地震烈度高达Ⅺ度，90%的建筑物倒塌，基础设施几乎全部摧毁，死亡2万人（占该地区人口的1/2）。该区域建筑以砖（石）墙木屋架结构和砖混结构建筑为主，有少量钢筋混凝土框架结构，多为1~3层，个别达4~5层，倒塌形式为整体坍塌和底层坍塌。如果初步与“5·12”汶川灾区建筑倒塌对比，至少发现如下共同点：

（1）大量房屋位于山坡和河岸边，地震引起房屋地基失效（滑坡）是造成本次地震中房屋出现大量严重倒塌的主因，所以山区震害高于平原地区。

（2）山体滑坡患体的治理是确保震后交通通畅的关键。

（3）城镇建设和住区密集区要避开并远离活动断层。

（4）砖混结构和砖（石）墙木屋架结构建筑居多。砖墙大多采用非规则花岗岩石块，水泥砂浆勾缝砌筑，水泥砂浆强度低、粘结力差，导致墙体整体抗震能力低；某些房屋配置了构造柱，但柱体配筋少。

（5）钢筋混凝土结构中，多采用强梁弱柱、现浇钢筋混凝土楼板，但柱体尺寸小，填充墙砌缝砂浆强度低，墙体难以与梁柱共同工作，它极易造成倾覆式坍塌破坏。

（6）虽商业房屋均为柔性底层结构，由于底层抗震性能差，从而导致整个建筑坍塌。

（7）无论是何种结构建筑，普遍存在基础浅、基础与柱体连接弱或无连接的不安全形式，这是导致严重坍塌的主因之一。

（8）对于山地建筑更应建设必要的地震救援设施和应急避难场地等。

2　灾后重建要从总结“大震不倒”的经验入手

2.1　绵阳九洲体育馆安全设计概要

2008 年 5 月 12 日汶川大震后，住房和城乡建设部迅速启动了建设系统破坏性地震应急预案Ⅰ级响应，成立了抢险救灾工作指挥部，并发出一系列紧急通知要做好受损房屋评估、检测，并充分做好抗震救灾和防范次生灾害的准备。我认为，在以往的抗震防灾及相关城市减灾工作中，过多地在启示及教训分析中处置项目不安全、项目欠质量保证等缺陷问题，对项目的可靠度保证的经验总结不够，这里建议国家有关部委能关注并研究为什么有的项目可以在大震到来时安全屹立，在这方面是谁充当了“保护神”。

2008 年 5 月 12 日，四川汶川大地震也造成了周边县

（市）的大灾，绵阳市房屋毁坏严重，5月13日位于绵阳南部的绵阳九洲体育馆成为绵阳市及周边灾民的避难场所，共收纳来自北部北川县近3万人的灾民。在到处破损严重的绵阳，该建筑不仅以其宏伟而夺目，更因其坚固而倍受灾民的信赖。温家宝总理亲自到九洲体育馆看望灾民，他称该馆的设计为国家抗震救灾做出了贡献。

该项目是由北京市建筑设计研究院第二设计所完成的项目，建筑总面积2.4万m^2，6000个固定座位。2003年11月开始初步设计，2004年5月施工，2005年10月竣工，项目建成后受到西南地区的一致好评，被称作“西南第一馆”，同时成功地承办了世界第13届拳击锦标赛，该项目曾获全国优秀结构设计二等奖。

对该项目的评介我们的认识是：城市公共建筑除满足必要的功能外，安全防灾是建筑本身必须考虑的，为此该项目的建筑师除在设计中使绵阳九洲体育馆成为一个坚固的避难场所外，还同时规划设计了建筑外围的大面积广场，使公众在面对不测时有了较广阔的避难疏散空间。该项目最重要的是结构安全设计。北京市建筑设计研究院是与共和国同龄的大型设计研究机构，有数以千计高水准设计项目的积累。早在1976年唐山大地震后便积极投身抗震防灾研究，在国家高层与多层建筑规范编制中充当主力军，近年来始终将安全设计视为结构设计的第一要素。考虑到体育馆是人员聚集场所，是绵阳重要的公共建筑，北京市建筑设计研究院多位结构总工程师当年在院技委会上一致认为，该地区虽在设计上是6度设防地区，但在构造上要保障安全度，为此做出了构造按7度设计的重要决定；此外，该项目屋盖为斜置柱面形，平面由圆弧线拟合成树叶状，其长轴为165m，短轴为105m，属目前国内最大拱形体育馆。主要受力结构为四榀落地的倾斜巨型格构拱架，拱架间由平面桁架联系，平面桁架间设置支撑桁架和支撑杆件，结构形成一空间体系，为增加安全度特在边跨中间结合机电设备竖井增加了节点，从而提高了建筑整体抗震能力。

该项目在大震中不倒且为绵阳市防灾减灾的关键时刻发挥着作用，不仅是建筑设计行业的光荣，是北京市的光荣，也是为世界抗震界留下的一个可供研究推荐的范例。为此建议：要在行业内研究该项目的安全设计思想、有效的抗震设计措施及相关细部作法等。在此基础上针对恢复重建工作出台适宜灾区的抗震烈度标准等。

2.2 相关提高建筑安全度的考虑

近几十年来，我国经历了邢台地震（1966 年）、海城地震（1975 年）、唐山大地震（1976 年）、四川汶川大震（2008 年）、台湾大地震（1999 年）等；世界也经历了日本阪神大地震（1995 年）、印度洋大地震海啸（2004 年）等，确在建筑物抗震上有一系列经验和教训，它们对提高建筑师、结构工程师隔震减震水平十分重要。

（1）由于地震预测的局限性，城市各类建筑结构的抗震设计，不应仅仅局限在满足“设防烈度”的要求上，而要着重去考虑防御突发性超烈度大地震的要求；

（2）城市建筑物的大量破坏及倒塌，城市生命线系统的破坏多数是由房屋倒塌引发的，所以提高城市建筑结构的抗震安全性是减轻地震灾害的主要对策，这时特别要强调对机电工程师系统可靠性设计的要求和规定；

（3）采用先进的隔震减震技术，是确保安全房屋的标志。为减轻地震震害，人们至今习惯于采用传统抗震方法即增加房屋刚度、增大构件断面或配筋。而由于地震能量极大，“硬抗”地震的传统地震方法有时效果会不佳，因为房屋刚度越大，地震作用越大，恶性循环。而新的隔震减震技术，是在结构物底部与基础面之间设置柔性隔震装置，形成柔性隔震层，地震发生时，结构在隔震层上柔性水平滑动，房屋也如同浮在柔性层上，地面震动被隔开，有效地降低了结构的地震反应。1994 年 9 月 16 日，台湾海峡发生里氏 7.3 级地震，汕头各类传统房屋剧烈晃动，已造成逃难中 143 人伤亡，而于 1993 年建成的隔震房屋中的人却毫无震感，听到外面喧闹声后，才知道地震了，这是明显的减震效果。研究表明，隔震结构加速度反应只相当于传统结构加速度的 1/12 ~ 1/4，即安全度提高了 4 ~ 12 倍，其一次投资在 6 ~ 7 度区仅增加房屋造价3% ~ 5%。8 度区却可节省 5% ~ 10%，9 度区可节省 15% ~ 20%；

（4）用建筑工程设计的本质安全性确保抗震设计的安全度。在 2006 年 8 月全国建筑物加固改造学术会议上，有关领导指出：到目前为止的统计，我国已有建筑物的总量（包括城镇房屋建筑、工业建筑等）约 400 多亿 m^2。专家估计，约有 30% ~ 50% 的建筑物出现安全性失效或功能退化期。可见，加强对建筑工程本身的安全性控制，将从根本上保障该项目面对大地震不测的抗震设计水平。

3 灾后重建的基本要点及相关建议

2008 年 6 月末住房和城乡建设部下发通知要求，做好全国校舍抗震安全排查，重点是各类学校（含幼儿园、教学点以及辖区内的中央部委属高校）的教学楼、学生宿舍等公共建筑。要通过查阅档案和实地踏勘等方式对学校的每栋建筑物、构筑物等进行逐项检查，尤其要将2001年以前建筑的砖混结构的学校校舍作为检查重点。我以为这种模式有安全排查工作，对建设“震不垮”的校园、医院无疑起到重要作用。那么从地震抢险救灾到迄今的灾后重建研究阶段，要教育并引导公众及建设者怎样的防灾减灾科学与文化观念呢？它的正确树立对可持续地发展灾后重建规划无疑意义深远。我认为它至少表现在三个方面：（1）善于应急避险才可保障生命，但要做到无障碍的避险，城市或建筑要提供保证生命求救并脱险的“通道”，同时每个公众个体的应急储备尤为必要；（2）越来越多的业内外人士在呼吁抗震标准的提高，但社会尤其是城乡建设主管部门要有充分完备的机制去检查设计、施工、建材、监理、运行诸方面为落实抗灾标准所做工作的有效性；（3）政府尤其是城市管理者要为防灾、备灾需求准备应急避难场所，也要在业内外广为宣传灾难“国情”及各类备灾准备，在此方面要大力引入保险降低风险的职能，启动工程保险、设计保险的安全风险机制等。本人于6月3日在《中国建设报》刊发的“汶川大地震重建规划问题研究”中已经倡言了九点建议，现再结合新情况及新分析谈六点新认识：

3.1 灾后重建规划的指导思想及目标

灾后重建是一个涉及社会、经济发展的系统工程，尤其不要将灾后重建仅看作是灾难过后简单的物质财富的恢复。从国内外灾害学或灾后建设学的层面看，尚没有一个较为系统且统一的重建模式，但灾后重建至少表现在：面对灾区社会各层人士社会状态及心理的重建、灾区经济的重建、学生复学及教育重建、以灾难记忆为核心的灾区文化重建等。可所有重建项目都要落实到城乡环境与建筑这个载体上，所以要有一个大的灾后重建纲要，6月8日的国务院《条例》正是灾后重建所需的法规及国家纲要。何为灾后重建的可持续发展观？可持续发展的基本含义是既满足当代人的需要，又不对后代人满足其需要构成危害。对照四川汶川灾后重建（无论是城乡规划，还是灾民安置，乃至文化遗产保护）都需统筹安排，不仅要想到困难重重的眼前，更要为子孙后代着想，绝不能走违背安全发展之路。从灾区反馈的信息看，与抢险救灾相比，灾后重建或许是因为太急迫，任务太繁重，牵头单位太多，灾区需求不断增加等等原因，体现出多方面的无序状态。我以为，这种无序如果体现在决策管理层必将造成未来建设的短视；这种无序性如果表现在灾后重建的规划师、建筑师等科技人员层面将为未来的建设留下缺少研究空间先天不足的隐患；这种无序如果表现在灾区为文化遗产受损而快速仿制复建、快速盲目的建成一大批雷同的地震遗址博物馆（纪念馆）也会为未来的灾后记忆酿成败笔；这种无序也会在忙乱中不仅使生态恢复难进行，还会加剧生态破坏。为此，为着灾后重建的伟业不失误，必须极其慎重地按国家层面去研究论证其灾后重建规划的可实现性，必须用好可持续发展这个准绳。

灾后重建规划的指导思想：（1）依据《汶川地震灾后恢复重建条例》及《城乡规划法》等法规，在编制地震灾后恢复重建总体规划的指导下，按照综合减灾的“大安全观”实现灾后重建的安全可持续发展；（2）要充分考虑人口、资源、环境、安全的四方面承载能力要素，在坚持依法减灾重建的同时，坚持体制创新与机制改革的思路；（3）坚持统筹兼顾、科学民主决策，按自然及经济规律，尽可能保证规划编研进度；（4）在抓好近期规划的同时，必须重视中长期发展规划，从本质上实现灾后重建规划的可持续发展能力。

灾后重建规划的目标：由于此次规划不同于常态的规划研究，它是建筑在自然巨灾刚刚发生的极震区，所以规划目标必须分清“轻重缓急”，切不可单纯将经济振兴与生产力布局、发展旅游业放在第一位，而必须坚持灾后重建总体防灾规划总纲下的规划系统目标分类。对此细节在《条例》的第25条~33条已有概括，但本文建议的是：必须按第一等级与第二等级去对待这些规划目标，必须细化每一个规划子目标中的内容。我以为要从两方面处理好将编制规划不同于常态规划的内容：（1）因为这是刚刚发生过巨灾的地域，所以一般意义上的诸如城镇体系规划、基础设施建设规划、土地利用规划要融入周密的防灾减灾内容，切不可造成只有专门的防灾减灾子规划，而在相关建设子规划中无对应及相关制约内容；（2）此次汶川地震不断表现出的灾变形态是多元化的，它从一定意义上要求灾后重建规划必须有充分体现防灾减灾的应对之策，在确保各子规划认同“灾后恢复重建总体规划”及“防灾减灾和生态修复规划”为第一层次规划的前提下，真正用此规划个案成为实施《国家“十一五”综合减灾规划》的示范项目。

灾后重建规划的原则：必须坚持综合性原则即应全面分析灾区各灾种、各影响因素综合作用下的灾害区划，其主要标志可视各单一灾种的形成条件不同而有所不同，它不仅不应是单灾种区域的“再版”，也不是将各灾害区划简单的组合，而是一种在系统思想下的多灾种、多因素条件下的新整合。如对川西这样复杂的山地城乡规划，就必须处理好安全原则、自然保护原则、文化修复性原则、民族多元化原则、经济发展原则的关系，再构一个有历史传承的、富于生命力的以安全减灾发展为根的“新汶川”。

3.2　灾后重建规划需要“灾后重建学”体系

面对四川汶川废墟中的悲痛与新生，我以为不仅要对汶川地质构造作出解读，也要再次将中国西部自然巨灾的史料作一番深入考量，如此多的蒙难县（市），使似乎应快速完成的灾后重建规划出现了“拐点”，即必须要给重建规划编制的前期多留一点科学理性思考的时间。国家规定要用三个月完成“灾后重建规划”，这是个迫切目标，但事实上救人、搭建临时板房要急，可灾后重建规划不能急。因为不仅其灾后重建内容复杂，涉及面广，还必须经得住现实和历史的检验。如灾后重建规划，就是为尽快恢复生产和重建家园提供的规划，它不能不与相关灾区主体功能区规划相结合，它不能不与现代相关灾区经济结构相联系，它不能不与相关灾区自我发展潜力相结合，而所有这些相关灾区的谋略因为灾难正在从丧失中恢复，仅靠一个灾后重建规划如何能在短期内促成相互协调呢？所以要对受灾地区做一个安全性的分类，至少应扎实有效地开展好如下基础评估工作即：对地质结构及地震危险性的评估；对居民聚居地及重新恢复耕地可能性的评估；对危害性地质化学环境变化及潜在危险性的评估；对水源安全性改变的区域性评估；对灾区产业发展条件与发展潜力的评估。否则不作科学评估的灾后重建会再酿自然与人为交叉致灾的惨剧，如灾区招商引资必须考虑当地实际，选择合适的产业，免贻后患。如重灾区都江堰旁建起的一座高风险的大型化工企业，在地震中造成的伤亡及环境损失比评估的还要高。面对增长、安全与发展的抉择，我们希望对灾后重建规划要给足时间，旨在用科学的态度去真正处理好安全的生产力布局。

应该说，中国自古是地震频发的国家，近百年来不断探索防灾抗震的规律，特别是自邢台、唐山大震后强化了抗震的研究，在灾后重建的项目上，在不同灾种对策的处理上都有一些案例。但从文献上看，国内学者比较注重预防、抗灾的研究，近五年又格外关注以“应急”二字为关键词的管理学研究，从而造成了一定的偏颇，甚至形成了一种不应有的“假象”，即凡提到重建即灾民安置，似乎其中没有多少科技问题，从而使灾后重建规划、设计，尤其是成功个案的总结推广极其不够，从此种意义上讲还限制“灾后重建”在中国的创立与发展。在笔者的城市灾害学研究生涯中，曾较大程度地涉及到工程故障学，其中可靠性工程中的修复理论及相关可修复指标曾引入到城市更新与住宅工程的可维修性中，但现在看来是很不充分的，面对自然巨灾及其现代灾害的多变性，灾后重建规划要真正有效、真正合乎地域化实际、真正成为对世界减灾史有价值的示范项目，就应该在“灾后重建学”的理论框架上做出透彻研究，在实践中提升理论，在理论总结中去发现实践中的不足。

据查早在1997年麻省理工学院的哈斯·凯茨等人在《灾后重建》一书中提出，自然灾害的恢复重建要经历四个阶段，即包括搜救在内的快速反应→包括生命线系统在内的公共系统恢复→灾前状态的水平→受灾地区新一轮的发展等。1985年美国灾害分析专家鲁宾则认为，这个灾后重建模式过于简单化，因为他发现许多灾后地区的恢复过程大不相同，尤其是不同地域及文化背景的人对灾后重建的满意度完全不同。在发达国家灾后重建或由市场决定，或在政府主导下由保险公司协同解决，无论何种方式，可以看出“灾后重建”是门极其复杂的系统工程，它必须付诸专门化的研究，它必须有赖于新观念的启发。作为一门建构中的巨灾保障学，其学科体系至少涉及城乡规划、灾害学、现代可维修科学、生态恢复理论等内容，从文化重建角度看，也必须涉及文化遗产及其保护诸学科。

3.3 灾后重建规划要重审人与自然的关系

著名灾害社会学家王子平在“行走在地狱边沿”一文中称他及家人是唐山劫难中的幸运者，被遗忘在地狱门口：“最为惨烈的是唐山市区，死亡 13 万多人，占唐山大地震死亡人口总数的56%还多。后来的调研表明，地震时约占市区 86%的63 万人被埋压在废墟之下，除当时被夺去生命的人之外，尚有 50 多万人正在被伤痛、干渴、窒息、恐惧所折磨，所摧残，面临着死亡的威胁。”王子平教授通过他奇异的经历对大自然充满敬畏，他认为大自然的巨大威力，是人无论如何都难以抗拒的，正是这次亲历地震波剧烈起伏动荡，使他对自然与人的关系产生了转折性变化。从中外历史上看，在人和天灾的搏斗中，人未必总是胜利者，不了解这一点，过分扩展人类的万能及“人定胜天”的思想会不利于重建规划的质量。自然巨灾用毁灭、鲜血、死亡一再告诫人类，对大自然不可、不要，也不能存轻慢之心，对大自然不仅要有敬畏之情，更要有崇敬的和谐之感，要畏惧灾难，要收敛不适当地违背自然的建设行为。

北川县的领导说，从地震发生后，我们建设家园的心一直未改变，但灾后重建，在哪建？狭长的山谷、闭塞的交通、脆弱的生态，再加上龙门山的地震带，只能另行选址再建。可远离故土，诚然会让灾区的百姓们黯然神伤。残酷的现实，要求我们必须站在可持续发展的视野，去重审人与自然的关系，去千方百计躲避自然灾害的风险，切不可使重建规划又处在一触即溃的灾变临界点上。面对还在颤动的大地及不断遭遇的次生灾害，我以为在地震与地质科学家尚无法确定是“就地重建”，还是“就近重建”或干脆“异地重建”的前提下，规划师和建筑师只能认真地研究防灾城市、防灾建筑的规律及做法，无权展开真正的灾后重建规划设计，或某种形式上的国际设计竞赛，这将是有悖于可持续发展安全准则的，这将是公然违背人与自然规律的。无数惨痛的教训证明：人与自然必须和谐，人不可胜天！

唐家山堰塞湖科学抢险成功是利用自然之力改变自然之力的个案。全溃坝、二分之一溃坝、三分之一溃坝，水利和地质专家们通过多次对唐家山堰塞湖的勘察，终于弄清了这个世界罕见的特大堰塞体的风险所在。大型堰塞湖抢险，属世界难题，有详细史料记载的1786年康定大地震、1933年叠溪大地震，均发生了堰塞湖溃坝的惨剧，造成的死亡人数，数倍于地震直接死亡人数。专家们在对坝体结构勘测发现堰塞体里有许多土和沙，炸药对土和沙的爆破作用不大，再加上炸药极易引起新的山体崩塌，因此只能选择在沙土和岩石软硬相交的地方开挖泄流槽，利用水流自然冲刷的规律，拓展泄流槽溃口和深度，逐步增强泄流能力，可使泄洪对下游的影响自始至终都掌握在可控范围内。这是采取积极的人力干预、利用和改变自然本身的力量来释放积累的风险，而不是用人力来抵消自然力量。

“5·12”汶川地震受灾最重的是位于崇山峻岭中的汶川、青川、北川等县。在地震影响范围内，地壳表层出现的各种震害及破坏现象是地震效应，它包括强烈震动效应和场地破坏效应。前者反映为地震波对建筑物的破坏，是即时性的，约有95%的人员伤亡和建筑物破坏由它造成，但对于人类生存的自然环境而言，地震场地破坏效应的影响则是持续的，甚至是永久的，它的破坏后果使本来比较脆弱的地质环境更为恶化。究竟是“就地重建”还是迁址，必须要经历地震与地质灾害、生态环境变迁等应急与常态相结合的评价。6月10日，有关专家组提出一个北川异地重建的方案即在北川县相邻的安县境内板凳桥区域内重建新北川，此方案已上报国家审批。据北川县领导的陈述：由于板凳桥不在地震断裂带上，有安全保证；它有近7~8平方公里的平坦地貌，提供了一个比较好的发展空间；安县也有1000多年历史，历史上板凳桥也属羌族聚居地；它现有建筑物不多，具有重建的可能性等。对此我颇同意来自地质灾害预警专家的建言，灾后重建规划从形式上编制并不难，难在必须提供出较充分的地质环境变化分析：其一，在应急调查的基础上，对地震次生地质灾害的类型、分布、危害程度进行全面系统的调查，防止盲目建设；其二，对详细调查阶段查出的各种灾害体的稳定性及发展趋势进行准确评价，如青川县城后山发生重大山体裂缝，必须进行较长期的稳定性评介；其三，结合新农村建设，将灾区或更大范围内的项目统筹规划，真正找准安全的居住与发展地；其四，并非所有平地都可以建新城这类永久型大项目，如溪流沟口的漫滩地，并非风水好，看似平坦，但不适宜建房住人，因为这样的位置极易遭受泥石流灾害的袭击。所以，必须站在人与自然的视角上，慎重地思考灾后重建的布局，在百年、千年大计上（因为是建新城，而非单幢建筑）要为人民的永恒安危负责。

之所以强调要从潜在的、长期的影响要素出发，使灾后重建规划体现人与自然真正协调的高水平，必须要将环境与生态安全及其承载力放在第一位，但事实上在评估体系中应选哪些指标？重建新址是否真正具备环境与安全的容量要求，是不是真正远离并充分避开了地震带都成为本次灾后重建规划的要点；更不该为了形式上的行政划分非要保留一个地质极其脆弱的地域称谓。

之所以强调灾后重建规划的人与自然的和谐，还在于长期以来城市规划界、国土资源界的联系要更紧密！灾后重建，需“好”中求快，切不可在规划中有不尊重自然规律的举动。如土地利用规划可以结合眼前、近期和长期的战略发展，分出轻重缓急，以总体规划为统领，以土地整理专项规划为先导。要清楚的是，虽然科学研究已提示了灾区地震分布规律，但由于人类不能准确预测地震，所以应急对策显示出无力，只能在综合研究区域地震及次生灾害或者说地震灾害链的空间分布上，从空间上优化土地利用模式与布局，从而科学而恰当地提高建设安全标准。

3.4 灾后重建规划借鉴国内外先进理念寻求制度创新

2008年6月初唐山市委及市政府向国家发改委提交了《建议灾区重建规划至少超前50年——关于唐山地震灾后重建工作的经验和建议》报告，十分重要地归纳了结合唐山32年前大地震的10条经验及启示，其中与灾后重建规划中防灾减灾内容极其贴近的内容是（1）灾后重建规划选址要科学合理，遗憾的是，唐山没能避开断裂带；（2）制定重建规划必须超前，由于规划之初的紧迫性及研究不够，各类设施不能适应未来发展；（3）灾后重建规划要突出城乡抗震能力，一般建筑物应按地震8度设防，对城市生命线工程设防标准适当提高到9度；（4）加强对地震遗址的保护，应尽可能地保留一些地震遗址；（5）城乡规划要统筹考虑，当年唐山重建规划只考虑了城市规划部分，而县（市）、乡、村的规划工作滞后等。

灾后重建，规划先行，对此美国国土安全部等国际机构的作法表明，面对自然灾害，尽管防灾与减灾资金投入不断增加，但一些地区已患上了“灾害——救援——重建——灾害”的综合症，究其原因是过去的灾后重建规划中未深刻重视对灾害区域中相关重要灾害问题的分析与评介。如基本灾害是指自然环境所固有的破坏力；暴露度是指受自然灾害威胁的人口数量、生态资源或财产、与土地利用规划密切相关联的内容；脆弱性是指区域人类社会系统对灾害的适应能力；风险度指发生灾害可能带来的损失，它是灾害与人类社会相互作用的综合反映。国外学者认为：减轻地震巨灾的主要途径只能是从空间上优化土地利用规划，提高工程建设标准和安全结构工程。

美国加州北岭地震：1994 年 1 月 17 日强度为里氏 6.7 级的地震袭击了洛杉矶，死伤近万人，13575 栋建筑损毁，直接经济损失 250 亿美元。当时美国联邦应急管理局提供了 530 亿美元的救援经费，分三个项目：（1）个人救助计划；（2）基础公共设施计划；（3）减少灾害损失的大型计划等。其灾区重建投入来源：个人存款、保险、企业贷款；联邦应急管理局补贴等。具体讲，1994 年，洛杉矶受灾区约 60% 的房屋缺乏地震保险，为促进房地产市场与灾区经济的稳步恢复，洛杉矶政府将总计高达 120 亿美元财政调拨与公众捐助，分配组装成 7 个互为补充的恢复计划中。在永久性房屋修建阶段，政府为刺激经济增长，提高灾区经济恢复能力，放松各类小商业贷款，为各中小型商业机构提供最高可达 150 万美金的、利率为 4% ~8% 的低息商业贷款，创造了灾区良好的经济货币政策环境。

日本阪神地震：1995 年 1 月 17 日，日本兵库县发生里氏 7.3 级地震，死亡 5466 人，3 万人受伤，数十万人无家可归，有10万栋房屋安全倒塌。日本政府于震后第5天才开始建设临时建筑，灾后10天开始住宅、交通、工业重建，大震后1个月，神户市将5887公顷受灾地区指定为“复兴促进地区”，又指定了优先重建地区，以促进城市机能的复苏；并提出了“灾后住宅复建三个计划”；现在到阪神地区看城市中有不少避难所及灾后纪念性建筑，2005年1月18日世界减灾大会在日本召开，其对日本的意义在于再一次使国民回忆起了1995年的阪神大灾。

阪神大地震对日本经济造成的损失不仅限于阪神工业区，还波及到邻近工业地带和日本的对外贸易，对短期内自主购房者与投资者影响很大。日本房屋与城市发展部用4年时间，对1995年阪神地震后奈良县的购房者作了详细分析发现：震后购房意愿由震前的50.4%迅速下降为14.5%，降幅高达71.23%，而对廉租房与私人商品房的租赁需求大幅上扬，其廉租赁需求由震前46.1%上升到79.1%。日本的抗震体系经历了近40年历程，每次地震后都在原有标准上进行调整及修改。目前，日本抗震体系贯穿房屋建筑施工要求，使用质量监控与房屋交易管理三阶段。一般地，日本的抗震标准要求随地震灾害演变发生、建筑新材料的发明使用权、建筑结构技术的进步，平均每3~5年修订一次。1998年日本建立了“建筑监管局”，主要负责按最新的建筑抗震要求，对所有在建和已建的各类商品房予以质量鉴定，并向公众提供权威的鉴定报告。日本依照美国，还建立了地震特别研究区（SSZ），要求房地产中介机构在对二手房交易时，要按SSZ规范对房屋抗震能力予以介绍，并向消费者出示“建筑监管局”的房屋质量鉴定报告。

德国房屋保险：汶川“5·12”大地震使千万间房屋毁于

一旦，按照国外测算的结果，对灾区及周边房地产市场的影响恢复期至少在 7 ~ 12 个月。德国有完善的房地产保险制度，能够做到让房主“受灾不受损”、“灾区”“受灾不见灾”。当发生意外后，保险公司所偿付的保费能够确保在原地盖起一座完全同样的新房，不论损害的房屋和设施有多旧，保险公司都会按新房价格赔偿。德国房屋保险范围十分宽泛，如火灾、水灾、飓风、地震、雷电、冰雹等常见自然灾害。在德国处理受灾房屋过程中产生的很多相关费用，同时也在保赔范围内，如现场清理费、损失评估费、拆除费用、现场保护费、减损措施费用等，乃至在修建新房期间房主的酒店住宿费用或其他都由保险公司赔付。德国房地产保险市场发达，为住房参保成为德国家庭必不可少的灾害防范措施，同样也适用于学校、医院等单位。

国外灾后重建及其保险策略给我们诸多启示，其中最重要的是为制度创新带来契机。因为，自然巨灾打破了原来的灾区行政、经济乃至社会利益格局，虽然人们不想在付出这么大代价后寻求制度创新，但冷静思考后发现要变“自然之大害”为“人类之大利”，寻求制度创新。主要有三方面：其一，可考虑将灾后重建区建成统筹城乡综合配套改革试验区；其二，要注意将政府力量与市场力量相结合，如创造出吸引社会多元化资金投入的机制及政策；其三，由于构建多元化公共产品供给的机制，灾后重建是一个完善公共产品供给的过程。

3.5 灾后重建规划要按安全发展布局生产力

国家发改委有关人士反复强调，此次大震对受灾地区经济产生了严重影响，但不会改变宏观经济发展的基本面。因为，受灾地区经济总量占全国比重较小，如四川全省生产总值仅占全国的4%，而重灾区地处山区，工农业产值，甚至旅游业产值都未达到理想状态，所以，大灾不会改变宏观经济的基本面。我认为，如果现在就对地震给经济的影响匆忙下结论，为时尚早，因为它不仅有失公允，最重要的是对灾害评估理解不够；在“5·12”大灾过后刚1个月有余就忙着在灾区大幅度恢复商业、在景区恢复旅游，都是单方面经济复苏浅层面追求的结果。因此，既不能孤立看待地震对经济的影响力，更不可视地震危险性不顾而忙着大抓经济。

2008年四川省提出要大力实施“7+3”产业发展规划即重点发展电子信息装备制造、能源电力、油气化工、钒钛钢铁、饮料食品和现代中药等优势产业，积极培育航空航天、汽车制造、生物工程等有潜力的产业。然而，汶川大震使这些规划中的产业不同程度受损，四川全省22000家企业受到影响，企业灾损有2000亿元人民币。成、德、绵是我国老工业基地，仅三市的工业增加值已占四川省工业增加值的43%，灾害损失情况呈现“量大面广”、“分布相对集中”、“破坏程度深”等特点，仅东方汽轮机厂一家企业的直接灾损超过70亿元，99%的建筑坍塌。面对灾后重建规划，四川省蒋巨峰省长表示，重建规划不是“克隆过去”，而是要在原有基础上升级，体现出前瞻性，尤其要全面，不可漏项。所以，四川省已经表示，要淘汰一批不符合恢复重建的落后生产力企业，要在重建时在自主创新上下功夫等。我以为灾区重建规划的安全生产力发展布局应牢牢把握“重建与振兴”相结合的原则，全面追求可持续发展的建设思路，具体做到：（1）编制灾区产业重建与振兴计划纲要，落实重建规划的各层目标；（2）灾区工业企业已遭受重创，在短期只能因地制宜地发展特色产业；（3）在评估四川省在全国应发挥经济功能以及灾区在四川省应承担的经济功能基础上，可以抓住机遇发展，对个人如可利用部分救灾款项来支持居民将住房建成家庭式宾馆，推动景区旅游事业发展；（4）在灾后产业恢复方面，可做宏观和微观调整。在宏观上，整个四川工业应沿江（岷江、嘉陵江下游、沱江）方向发展。在微观上，依托现有城市群，设立综合性工业区，改变企业分散布局的状况。

3.6 灾后重建规划的文化遗产保护任重道远

著名华裔美国作家梁志英在给中国抗震救灾的信中说："别让震动的大地颤动的山峦或汹涌的波涛阻挡我们前进，我们必须设计和建设新世界。因为有 32 年前的唐山新貌，就一定会有未来的新汶川。"在"5·12"汶川大地震月祭过后，迎来了 6 月 14 日中国第三个文化遗产日，国家文物局单霁翔局长发表署名文章"文化遗产抢救保护也是重建家园"。他指出：文化遗产植根于特定的人文和自然环境，与当地居民有着天然的历史、文化和情感联系。灾后文化遗产抢救保护是尊重文化遗产与当地民众的情感联系、鼓舞重建家园信心的重要举措，是尊重灾区人民在抗震救灾中无私奉献保护文物的重要举措。"5·12"汶川大地震，非物质文化遗产损失巨大，我国唯一的羌族自治县北川在地震中被夷为平地，羌族现存的非物质文化遗产实物和非物质文化遗产普查资料全被掩埋。虽应承认近年来我国保护文化遗产方面的法制建设有进展，但现有法规中却没有对地震中的文化遗产保护问题做出规定，从此种意义上看，汶川大地震为完善文化遗产保护法制体系提供了机遇。抢救迫在眉睫，余震及次生地质灾害不断，要把那些珍贵的文物、档案资料、遗址、遗迹从废墟中清理出来，必须要把近期抢救与灾后重建长远规划结合起来。两年前的 2006 年 4 月初本人在完成了由国家文物局、四川省人民政府主办“重建梁思成古建之路——四川行”活动后，我曾专程赶赴有着两千多年历史、被誉为“神秘的东方古堡”的理县桃坪羌寨，感叹古人智慧的羌族碉楼，据称，“5·12”大地震，部分羌族民居垮塌，石座碉楼也出现了一些裂缝。

面对灾后重建规划中特别的文化重建，已提出一系列建设方案，如四川省文化厅于6月3日公布的《羌族文化生态保护区初步重建方案》以羌族文化代表性传承人，特有的人文环境、自然生态、建筑与民俗、服饰与传统工艺等相关实物（或模型），展示物质文化与非物质文化的保护措施。文化重建的所有含义中唯有“在废墟中重生，在磨砺中崛起”的话最有现实意义，只有建设博物馆或遗址纪念馆，才能在典籍中、在大地上、在天空下，将那闪烁着的历史背景、那些遁入大地的文明碎片留在人们不息的记忆中，这或许是灾后文化重建不可缺少的特殊理性。

从震害谈工程质量的控制与管理

——兼谈地震灾区房屋建筑灾后重建

西安建筑科技大学土木工程学院

郝际平　郑　江　钟炜辉　蒋　军　薛　强

郝际平

1　地震灾区房屋建筑破坏情况及原因分析

2008 年 5 月 12 日下午 14 时 28 分，在我国四川省汶川县（北纬 31.0 度，东经 103.4 度，位于四川盆地西北部，成都以西 195 公里，阿坝藏族羌族自治州东南，是中国四个羌族聚居县之一）发生里氏 8.0 级强烈地震，不但四川、重庆成为地震重灾区，全国大多数省市都报告出现震感，或者受到地震影响，其中甘肃和陕西影响较为严重。截至 7 月 14 日 12 时，汶川地震已造成 69197 人遇难，374176 人受伤，18289 人失踪，直接经济损失预计超过 300 亿美元。

实际上，地震本身不会直接造成人员伤亡，而是房屋的倒塌、破坏才导致人员伤亡（据统计达到 95% 以上）。本次汶川地震所造成的房屋倒塌初步估计达到 550 余万间，其中，震中农村地区房屋倒塌超过80%，此外，学校、医院等人员较为聚集的重要公共建筑也发生大面积倒塌，根据四川省各地教育部门不完全统计，校舍倒塌10000余间，造成大量人员伤亡（如都江堰聚源中学有400人被埋、绵竹市东汽中学有300人被埋、北川县北川中学有近1000人被埋、汶川县的映秀镇上一所学校全部倒塌，学生全部被埋等）。地震灾区部分房屋建筑破坏情况见图1~图4，其中，绝大部分为砖混结构。

图1　地震灾区震害图片1

图2　地震灾区震害图片2

图3　地震灾区震害图片3

图4　地震灾区震害图片4

图3为一住宅楼，为砖混结构，从图中可以看到，在地震力的作用下，一层砖墙出现了交叉斜裂缝，成为危楼，但建筑结构整体没有倒塌，达到“大震不倒”的抗震设计要求，使人员有机会进行疏散，减少伤亡。图4为同一地区的学校教学楼，也是砖混结构，从照片中可以看到大部分墙体已经倒塌，

楼板采用的是预制楼板，整体性差，在地震作用下大部分从梁上掉下，没有达到结构抗震应有的目的，造成大量人员伤亡。

汶川及附近地区的抗震设防烈度为7度，而8.0级地震在当地相当于烈度达到9～10度，局部地区达到11度，远远超过当地的设防烈度。因此按照7度抗震设防设计的房屋，遭遇9度以上的毁灭性地震时，必然造成大量房屋尤其是农村地区抗震能力较差的砖混房屋、土坯房屋的大量倒塌。此外，对于政府机构、医院、学校、车站等重要公共建筑、生命线工程还应提高设防烈度，显然实际情况并非如此，对抗震设防考虑不足及房屋结构本身抗震能力较差直接导致了大量人员伤亡和巨大经济损失。在日本，提高各类工程抗震设防水平和抗震能力，采用抗震性能较好的建筑结构形式，提高震后救援能力和公众的减灾意识是减轻地震灾害的主要途径，日本的这些经验值得我国认真借鉴。

我国《建筑抗震设计规范》GB50011—2001规定的建筑抗震设防目标可以概括为“小震不坏，中震可修，大震不倒”。即当遭受低于本地区抗震设防烈度的多遇地震时，一般不受损失或不需修理可继续使用，当遭受相当于本地区抗震设防烈度的地震时，可能损坏，经一般修理或不需修理仍可继续使用，当遭受高于本地区抗震设防烈度预估的罕遇地震时，不致倒塌或发生危及生命的严重破坏。但是，由于历史、社会经济发展等多方面原因，目前我国农村地区，尤其是中西部农村地区、中小城镇的房屋绝大多数为砖混结构，大多数满足不了上述抗震要求。一方面，砖混结构本身抗震性能较差，另一方面，砖混结构以砌筑的墙体为主要承重结构，因此墙体的砌筑质量对于整体结构抗震性能十分关键，尤其是在抗震设防地区。但砌筑施工过程存在的问题较多，很难达到设计标准。

2004年，建设部对于107个砌砖分项工程的抽检中发现符合标准（即“合格”）的仅有20个，合格率仅为18.7%。

在一些农村，绝大多数农民家庭建房是不经过设计的，一般直接找一个施工队或者自己动手把房子盖起来了，整个过程没有任何监管，质量通常达不到要求。这次震灾中，学校教学楼的倒塌非常严重，当然这次地震强度非常大是一方面的原因，但是同样类型建筑在同样地区破坏程度不一样（图3、4），其中也存在很大一部分人为因素。一些学校教学楼，在建造时资金严重不足，这样偷工减料在所难免，工程质量达不到要求，遭遇地震时结果可想而知。

引起房屋建筑的震害原因一般有：地震烈度高于抗震设防烈度；建筑处于抗震不利地段；建筑抗震设计存在缺陷；建筑施工质量低劣等。这次汶川地震主要建筑震害规律总结如下[1]：

（1）在地震烈度高于抗震设防烈度地区，房屋破坏严重。地震发生前，四川德阳、阿坝、绵阳等抗震设防烈度为6度，北川、安县、绵竹、汶川、都江堰、理县、什邡、青川等抗震设防烈度为7度。这次地震震区范围内地震烈度达到7度至11度。远高于抗震设防烈度，这是房屋破坏严重的一个重要原因。

（2）凡是按抗震规范进行正规设计，且施工质量有保障的房屋，在高烈度地区大部分只开裂而不倒塌，在低烈度地区震害程度大部分较轻，说明抗震规范经受住了这次地震的考验。

（3）村镇中大量群众自建的房屋大部分遭到了严重的破坏，部分倒塌。历次地震表明：没有抗震设防的工程是难以经受地震考验的。

（4）一般老城区房屋震害较重，新城区房屋震害较轻；老城区沿街的底部框架和沿街店铺破坏严重。

（5）上世纪70年代后期至80年代中后期建造的房屋，地震中大多数破坏较轻；80年代中后期至90年代中后期建造的房屋，地震中大多数破坏严重，部分倒塌；上世纪90年代后期加大建筑质量的监管力度，此后的房屋在地震中大多数破坏较轻。建筑工程质量（包括设计和施工）好坏是建筑破坏轻重的另一个重要原因。

（6）抗震加固过的房屋，地震中大多数破坏较轻，部分开裂。

（7）采用基础隔震的建筑，地震中建筑基本完好，室内人员感觉不到地震晃动，达到了设计目的。

2 工程质量的控制与管理

由对汶川地震震害规律的总结可以看到，目前，虽然无法精确预测地震，但是我们可以预防地震。如果我们做好工程质量的控制和管理，就可以使震害减至最轻，损失减至最小。怎样进行工程质量的控制与管理，下面我们将从设计管理、施工管理和甲方投资管理等三个方面进行阐述，虽然这样会增加工程前期的造价，但会确保房屋应对重大自然灾害的防御能力，同时也保证了人民生命财产安全，这和地震带来的巨大损失相比是很小的。

2.1 设计管理中应注意的问题

工程建设的第一个阶段是设计阶段，这是整个工程的基础和质量控制标准，这个阶段出现问题，将直接导致工程出现质量问题。在该阶段人为错误的影响是最主要的。常见的设计问题是结构选型及设计方案不合理；计算简图不当，结构计算错误；荷载取值与实际受力不符；材料选用不妥，不能满足工程实际需要；节点构造不合理，造成致命缺憾；对施工阶段的特点和使用阶段的特殊要求欠考虑等。因此在设计管理中，最重要的是对人的管理，即对设计人员的管理。要求设计人员对规范的正确理解和把握；对设计图纸的多重审查机制，即设计院对其设计图要有严格的校对、审核程序，对设计院进行的第三方施工图审查等等。加强对设计人员的培训和再教育。严格注册工程师制度。加强对设计院资质的审查和监督，一旦发现违规现象要严肃处理。

在这次地震中，凡是按抗震规范进行正规设计，且施工质量有保障的房屋，在高烈度地区大部分只开裂而未倒塌，在低烈度地区震害程度大部分较轻，说明抗震规范经受住了这次地震的考验。因此更说明了按规范设计的重要性，设计的管理是工程质量控制与管理的出发点和贯穿整个工程的质量标准和控制法则。通过这次地震，使我们对震害又有了一个全新的认识，提醒设计人员抗震设计在整个设计中的重要性并应重视以下几个方面：

（1）重视场地的工程抗震措施。西部地区的建设用地主要位于山区，地形复杂，农村很多建筑依山而建，城市中有很多陡坡和挡土墙，潜在的地质灾害主要有山体滑坡、泥石流和洪灾等。建议工程场地应避开地震断裂带、山体滑坡区、行洪河道等危险地带，并对危险地段的工程进行及时处理。

（2）重视抗震概念设计和构造措施。强柱弱梁，强剪弱弯，强节点弱构件，建筑规则性，结构整体性等。

（3）设置多道抗震防御体系。在框架结构中，适当增设剪力墙、支撑系统，作为两道防线。

此外对现行抗震规范及相关规范的修订和完善工作正在进行中，这对今后指导设计人员进行设计有着至关重要的影响，将大大加强今后房屋应对震害的能力。比如陕西在震后开始实施《陕西房屋建筑震后重建抗震设防暂行规定》，该《规定》针对这次地震中学校、医院等公共设施的损害严重程度，增加了一些这方面的条文，是对抗震规范的完善，并进行了细化和量化。这样一些工作在今后会陆续展开，使设计管理更为严谨和科学。

2.2 施工管理中应注意的问题

设计阶段完成后，接下来就是施工阶段。这一阶段的管理比较复杂，影响因素较多，并且工程质量问题大多出现在这一阶段。从汶川地震震害的分析来看，相当一部分房屋在施工阶段没有严格按照设计图施工，或者根本没有设计图，偷工减料现象非常严重，楼板、柱子少配筋或根本没有钢筋，暴露的质量问题是触目惊心的。如果做好这一阶段的质量控制，至少不会有那么多房屋坍塌，伤亡也不会那么严重，损失也不会那么大。在地震前，有一部分房屋和学校的建造方已经意识到施工质量的严重性，对原有建筑进行了加固处理（例如桑枣中学），这次地震后加固过的房屋基本没有坍塌，减少了人员伤亡和财产损失。这是值得庆幸的，然而我们也应该看到，不合格建筑事后加固的费用是相当大的，造价超过一次性建成的合格建筑。因此从工程开始时就对工程质量进行严格的控制，就可以避免这部分不该有的损失。

施工的过程就是质量形成的过程，这一过程工期长，受自然条件影响大，加之目前部分工程建设单位不是长期从事基本建设工作，对工程管理监控、基建程序等尚不十分清楚。因此在这里谈谈施工过程中需要控制的因素，有以下几个方面[2]：

（1）人员因素。人员的控制是工程质量的重点和难点，我们在控制质量过程中要把该因素放在首位，因为人是生产经营活动的主体，也是工程项目的决策者、管理者、操作者，其他因素的好坏完全受到人员的制约。目前我国采取对建筑行业实行双重准入制度是搞好工程建设质量中对人员因素控制的重大举措，即对企业经营资质的管理和企业各类从业人员具有相应资历，实持证上岗。

（2）工程材料。工程材料是指工程实体形成过程中所需的所有建筑材料、构配件、半成品等，它是工程建设的物资条件，是工程质量的基础。许多有工程质量问题的建筑，其在材料上做文章的非常多，常见手法有偷工减料、以次充好等。这次震害中的一部分工程就是减少钢筋截面，用低标号的水泥替代设计的高标号水泥等等，使建筑物达不到设计预期应该具备的刚度、强度和抗震性能。所以工程材料的控制就是对所有的工程材料均实行检、验相结合的原则，对一些主要工程材料和重要工程材料如钢筋、水泥、砖、防水材料等必须实行双重控制的管理。在生产厂家检验评定合格的基础上（审查厂家提供的质量证明材料和技术文件），由相关人员现场见证取样送有资质的材料检测单位进行检测合格后使用。

（3）机械设备。这里主要指施工过程中使用的各类施工机具设备。如大型的垂直和横向运输设备塔吊、提升机，各类操作工具、各种施工安全设施、各类施工测量仪器和计量器具等，它们是施工生产的主要手段和辅助用具。如果这些工程用机具设备其产品质量存在问题将直接影响工程质量。如测量仪器的精度满足不了工程的需要，必将导致工程实体在尺寸上产生偏差，既影响建筑的外观等使用功能，也会对结构受力产生影响，降低结构的安全度。计量器具的错误极有可能产生质量问题，比如混凝土强度达不到设计要求等。施工机具的类型是否符合工程施工特点、性能是否先进稳定、操作是否方便安全等，都可能影响到工程项目的质量。所以在设备的选型时，应高度重视与工程的匹配，在使用过程中建立制度定期养护和校核等。

（4）工艺方法。工艺方法是指施工现场采用的施工方法，包括技术方案和组织方案。技术方案就是施工的工艺和作业方法，组织方案是指运用组织手段将施工区段进行空间的划分及施工流向顺序、劳动力的组织等。在工程施工中，施工方案是否合理，施工工艺是否先进，施工操作是否正确，都将对工程质量产生重大影响。所以在施工方案、施工组织设计的编制过程中一定要根据工程的特点采用合理科学的施工方法和工艺。

（5）环境因素。环境因素对工程质量的影响有着重大的作用，所以我们在工程质量管理中对有利的环境因素加以利用，避免不利因素给工程质量带来的不良结果。这里我们提及的环境因素包括工程技术环境、工程作业环境、管理环境和周边环境等。环境因素对工程质量的重大影响，如何加强环境的管理，改进作业条件，把握好的技术环境，是工程管理者应认真研究的课题。

在施工管理中，还有一个重要的发面，就是监理方面。众所周知，部分工程建设单位不是长期从事基本建设工作，对工程管理监控、基建程序等尚不十分清楚，缺少相关方面的专业技术，因此监理机制就孕育而生。监理是协助甲方对现场施工质量进行监控的职业，是施工质量能否达到设计图纸要求的有力保障。能否有效的发挥监理的职责是工程质量控制和管理的关键。在监理方面的管理要注意以下几点[3]：

（1）监理单位在建立项目监理组织时，要认真分析施工项目的特点，不能单纯考虑监理成本的高低，拼凑人数，要用组织协调能力、管理能力和专业技术水平过硬的监理人员开展工程监管工作，确保监理质量。

（2）监理人员要对施工规范和验收标准高度熟悉，对现场出现的技术问题，要及时与业主、设计者沟通，采取合理的技术方案处理。及时给业主提出合理化建议，确实起到参谋和助手的作用。

（3）监理要做好事前预控，事中检查，事后验收这三个环节，必须有效的保证工程监理质量。监理工程师如果对施工现场情况不熟悉，检查验收把关不严，应该返工的质量问题不督促施工单位整改，工作不认真，都会影响工程质量。

2.3　甲方投资管理应注意的问题

在工程质量的控制和管理中，甲方也起着重要的作用。甲方应该把工程的质量问题放在首位，对工程的合理投资进行预算，而不能在资金不足或者追求最大利润的情况下拼命压价，这样做的后果只能是牺牲工程的质量，因为施工方也要保证其利润。质量问题和企业的经济效益密切相关，质量问题从本质上应理解为商品产生之初到消亡的全过程对社会和消费所造成的损失，而计量损失的大小，是经济问题。建筑工程施工全面推行招投标，在我国，由于历史原因，施工企业的建设能力远远大于工程建设规模，而作为招标方，又将价格在评标过程中有意加大其权重，这个现象势必造成在招投标过程中施工企业竞相压价，造成施工企业的价格仅能够维持生存的现状。在工程施工过程中，不能留出资金作为质量投入。但也有其消极的一面，施工企业在工程质量方面无钱投入就是其一。因此，整个社会要树立起质量不仅是施工企业生存的需要，同时也是整个社会的需要。必要的投入，才可以做出高质量的产品[4]。因此甲方在进行招投标时应合理估算保证质量，保证施工方合理利润前提下的最低造价，以此为标准对施工方报价进行评估，而不要采用施工方之间竞相杀价的最低价中标方式，这样才能为做出质量合格的工程打下经济基础。甲方一定要本着对社会对人民负责的态度，通过这次大地震，更应该清醒的认识到质量问题的重要性。要做就做合格工程，在自身资金不足以保证做出质量合格工程的情况下，宁可不做，也不要做出豆腐渣工程来贻害世人。

3　灾区房屋建筑灾后重建建议

3.1　地震灾区农村地区房屋建筑灾后重建建筑类型的选择

在此次特大地震灾害中，位于震中农村地区的砖混结构房屋几乎全部倒塌，而且屋内人员多被笨重的砖砌体、混凝土构件砸伤或掩埋，以致难以逃生和自救。以生命为代价的惨痛教训告诉我们，必须采用抗震性能较好的房屋建筑类型才能使我国这样一个地震多发国家在地震灾害中保证人民群众的生命财产安全。结合当前实际情况，为了使广大受灾群众尽快投入到灾后重建的工作中去，早日恢复正常的生产、生活，必须采用施工速度快、抗震性能好、符合西部山区特点的建筑结构类型。

目前，对于一般的民用房屋最常用的结构形式包括砖混结构、钢筋混凝土结构和钢结构。从抗震角度来说，以上几种结构类型都可实现8度抗震设防。但从安全性而言，钢结构抗震性能最好，当发生强烈地震时，一般只会出现变形但不会发生倒塌。因此从抗震角度而言，钢结构具有另外两种结构形式不可比拟的优势。同时由于钢结构具有自重轻，施工周期短，安装、运输方便，易于确保施工质量等优点，因此特别适合作为西部地震灾区灾后重建的房屋结构类型。同时，传统的砖混建筑造成的资源浪费使我国这样一个人口众多，土地资源匮乏的大国不堪重负。据统计，我国每年生产砖7000多亿块，生产水泥超过10亿吨，每年毁掉农田50万亩，消耗标准煤7000万吨，破坏的矿山和排放的废水难以统计，而且砖和混凝土属于不可再生材料，损坏后所形成的建筑垃圾难以处理。因此为了保护环境，节约资源，实现经济的循环、健康发展，国家提出了可持续发展战略，并在建筑领域充分贯彻“绿色建筑”这一理念。2001年12月19日，国家建设部发布了《钢结构住宅建筑产业化导则》，并确定了“钢结构住宅建筑体系及关键技术研究”的立项工作，对钢结构住宅建筑产业化起到很大的促进作用。

钢结构住宅有多种结构形式，其中，适合作为地震灾区农村地区房屋建筑灾后重建的建筑类型——“冷弯薄壁型钢轻型住宅”符合我国节能减排，建设节约型社会的要求。在发达国家，钢结构轻型住宅已被广泛采用。在美国，普通的低层民用住宅中，采用冷弯薄壁型钢作为结构承重体系的房屋所占比例从20世纪90年代初的5%已发展到目前的25%左右，而且应用技术更加成熟、完善。在地震多发的日本，从20世纪60年代开始，轻型钢结构住宅逐渐发展为工业化预制装配式住宅的主体，新建的1～4层建筑中80%采用了冷弯薄壁型钢结构。在加拿大，有30%的民居采用冷弯薄壁型钢结构体系。

在澳大利亚，冷弯薄壁型钢结构住宅市场占有率达到15%，这一比例逐年增加。

与传统结构体系相比，冷弯薄壁型钢轻型住宅具有以下显著的优点：

（1）自重轻，仅为传统砖混结构的1/4，对基础的要求降低，可降低基础造价。

（2）能充分发挥钢材的强度高、延性好、塑性变形能力强等优点。间距较密的龙骨与外围护结构型板材结合，产生“应力蒙皮”效应，形成类似于剪力墙的抗侧力墙体，从而具有优越的抗震、抗风能力，增加了住宅的安全性、可靠性。

（3）工业化程度高，施工速度快，施工周期仅为传统结构的1/3左右。各部件现场组装，湿作业少，噪声、粉尘和建筑垃圾少，施工作业受天气或季节影响较小。

（4）所用材料主要是绿色可回收或可降解的材料，属环保型建筑。

（5）构件制作工厂化、机械化，商品化程度高，质量稳定，有利于降低成本，易于实现住宅建筑技术的集成化和产业化。

（6）采用与钢结构体系配套的轻质墙板、复合楼板等新型材料，具有良好的隔音、保温性能，符合建筑节能的要求。

（7）结构空间开阔，建筑面积能够合理分隔，使用灵活。由于钢结构断面小，能有效增加室内使用面积。

（8）施工简便，降低人工成本，房屋构件更换、维修方便。

综上所述，冷弯薄壁型钢轻型住宅的综合优势明显，该系统的综合造价与砖混结构持平甚至略低于砖混结构，特别适合作为地震灾区农村地区房屋建筑灾后重建建筑型式。

党的十六届五中全会站在历史的、全局的高度，做出了建设“生产发展、生活宽裕、乡风文明、村容整洁、管理民主”的社会主义新农村的重大战略决策。冷弯薄壁型钢轻型房屋体系特别适合1~2层的独立或连体住宅，它不仅能够实现功能齐全（水、暖、电配套）、整洁美观，而且绿色环保，能有效改善农村居民的居住条件。钢结构轻型住宅完全符合“社会主义现代化新农村建设”的战略决策。

3.2 轻型房屋钢结构体系成套技术

3.2.1 结构功能

从结构功能上来说，冷弯薄壁型钢轻型房屋可分为主结构和围护结构两大部分。

主结构大量采用壁厚0.8~2.5mm的镀锌轻钢龙骨作为承重体系，构件之间采用自攻螺钉连接，无须焊接；所有构件均可工厂加工，然后运至现场进行拼装。主结构构件的截面类型有U型、C型、L型以及组合而成的工型和箱型等种类。所有主材均采用热镀锌钢板冷弯而成，研究表明，位于乡村、城市、港口以及工业区等不同地区的钢结构房屋，其结构镀锌层每三年的腐蚀量均小于0.1微米，具有很好的防腐能力和耐久性。随着我国钢产量的不断提升，国内的冷弯型钢生产能力也得到了长足的发展，冷弯薄壁型钢轻型房屋的所有主结构均可实现国产化，且目前正在向高强、耐候方向发展，这无疑给钢结构轻型房屋的发展提供了良好的基础。同时，冷弯薄壁型钢轻型房屋施工作业受天气或季节影响较小，可以冬季施工。

围护结构主要分为结构型板材、防水材料、保温材料和外墙挂板。

其中，结构型板材主要有定向刨花板（OSB）和稻草板

(Straw - Board)。定向刨花板具有以下优异性能：很高的物理力学性能，结构紧密，强度高；抗变形、抗剥离、抗翘曲；防腐、防蛀、抗形变，阻燃能力强；完全的防水性能，可永久暴露在自然环境和潮湿条件下；甲醛释放量极低，真正的绿色环保产品；握钉力强，易于锯、钉、钻，开木槽、刨、锉或砂光；优异的隔热、隔声效果，涂饰油漆性能好。因此，定向刨花板成为轻型钢结构住宅的首选结构板材。目前，国内已有厂家大规模生产定向刨花板，如徐州、南京、赣州、山东、福建、广东等地均有 OSB 生产线。

另外一种结构型板材——“稻草板”是以植物秸杆（如稻草或麦草等）作原料，不添加粘结剂，不需切割粉碎，直接在成型机内以加热挤压的方式形成密实的板坯，并在表面粘上一层各种材质的“护面纸”而制成的新型环保建材。它具有质轻、较高强度和良好的隔音保温性能，对它可进行锯、钉、胶和表面油漆。因此，稻草板是目前性能较好、价格较低、环保、利废以及生产原料来源丰富的一种板材，具有比其他墙板更广阔的发展前景。用稻草板建房具有以下优点：

（1）变废为宝，保护土地资源，保护环境。

（2）轻质高强，保温隔热。稻草板的保温、隔热性能也大大优于粘土砖。

（3）降低工程造价，增加施工企业的经济效益。

（4）建造速度快。使用草板装配的速度要比砖砌墙体快得多。

由此可见，稻草板是适合我国现阶段国情的新型板材，目前，黑龙江、辽宁、湖北等地均有生产厂家。可以预见，稻草板与冷弯薄壁型钢主结构的结合必将推动我国农村住宅结构体系的变革。

彩钢夹芯板以其简单的构造、良好的保温隔热、广泛的采购渠道以及较低的价格优势，近年来也逐渐被应用到低层钢结构轻型房屋中，目前主要用于屋面板。采用彩钢夹芯板做屋面板省去了额外的防水层和保温层，是经济型住宅的良好选择。

围护结构中的防水材料有防水纸、防水卷材以及防水涂料等。冷弯薄壁型钢轻型住宅的屋面、墙面均须做防水处理。围护结构中的保温材料可分为保温板和保温棉两大类。这两种材料在冷弯薄壁型钢轻型住宅均有应用，保温板主要用于外墙面，保温棉主要用于屋面、楼面和内隔墙保温、隔音。

外墙挂板的主要作用为围护、美观，主要分 PVC 和钢质挂板。外墙挂板是外墙油漆或涂料的理想替代材料。外墙挂板系统物美价廉，克服了传统建筑平面呆板和外墙瓷砖线条频密和复杂的缺点，具备很多外墙瓷砖和外墙涂料所不具备的功能和性能，性能价格比远远超过外墙瓷砖和外墙涂料。

3.2.2　使用功能

从使用功能上来说，冷弯薄壁型钢轻型房屋可分为屋面系统、楼面系统和墙面系统。

(1) 屋面系统

屋面系统由冷弯薄壁型钢屋架、结构面板、防水层、保温层和装饰面板组成。

冷弯薄壁型钢屋架可在工厂预制成型、工地直接安装，也可工厂加工构件、现场进行组装。结构面板一般采用定向刨花板，上铺保温板或保温棉，再铺防水卷材。装饰面板可选择彩色沥青玻纤瓦或金属瓦，目前两种材料国内均有生产厂家。另一方面，如果采用彩钢夹芯板作为屋面板，则可省略防水层、保温层以及装饰面板，此种方案不失为经济型房屋的合理选择。

（2）楼面系统

楼面系统由冷弯薄壁型钢楼面梁、结构面板、装饰面层及吊顶组成。楼面梁为冷弯薄壁 C 型钢，局部可采用 C 型钢双拼而成的工字型截面或由 C 型钢和 U 型钢拼制成的箱型截面。结构面板为定向刨花板，其上的装饰面层可采用复合木地板或者直接铺地毯。楼面下的吊顶可采用轻钢龙骨石膏板的系统。

（3）墙面系统

墙面系统可分为内隔墙和外墙。内隔墙由冷弯薄壁型钢龙骨、双面石膏板以及隔音棉组成。外墙由冷弯薄壁型钢龙骨、石膏板、结构面板、保温层、防水层以及装饰挂板组成。石膏板用于外墙的内侧，结构面板固定在外墙的外侧，两层板之间可填充保温棉，结构面板外侧做防水层，最外面即为装饰挂板。外墙的结构面板可使用定向刨花板或稻草板，防水材料可采用单向透气不透水的高分子防水纸。墙面系统中的门窗相对简单，国内普通门窗基本能满足需求。

3.2.3　工程造价估算

以下给出几种典型配置及其成本估算，单层房屋建筑面积按 $80m^2$ 计，两层房屋按 $160m^2$ 计。

表 1　单层冷弯薄壁型钢轻型住宅

项　目	配置一	配置二	配置三
主结构	热镀锌冷弯薄壁型龙骨柱、屋架	同左	同左
屋面围护	彩钢压型板屋面 石膏板吊顶	金属彩瓦 防水卷材 OSB 结构面板 保温棉 石膏板吊顶	彩色沥青玻纤瓦 防水卷材 保温板 OSB 结构面板 石膏板吊顶

续表

项　目	配置一	配置二	配置三
内隔墙	轻钢龙骨纸面石膏板 中填隔音棉	同左	同左
外墙	纸面石膏板 稻草板 防水卷材 PVC 挂板	纸面石膏板 保温棉 稻草板 防水卷材 PVC 挂板	纸面石膏板 OSB 结构面板 保温板 高分子防水纸 PVC 挂板
门窗	铝合金门窗	塑钢窗 普通钢门	双层中空塑钢窗 成品模压钢门
单位成本	750 元/m^2	850 元/m^2	950 元/m^2

表 2　两层冷弯薄壁型钢轻型住宅

项　目	配置一	配置二	配置三
主结构	热镀锌冷弯薄壁型 龙骨梁、柱、屋架	同左	同左
屋面围护	彩钢压型板屋面 石膏板吊顶	金属彩瓦 防水卷材 OSB 结构面板 保温棉 石膏板吊顶	彩色沥青玻纤瓦 防水卷材 保温板 OSB 结构面板 石膏板吊顶
楼面	普通强化复合地板 OSB 结构面板 隔音棉 石膏板吊顶	同左	实木地板 OSB 结构面板 隔音棉 石膏板吊顶
内隔墙	轻钢龙骨纸面石膏板 中填隔音棉	同左	同左
外墙	纸面石膏板 稻草板 防水卷材 PVC 挂板	纸面石膏板 保温棉 稻草板 防水卷材 PVC 挂板	纸面石膏板 OSB 结构面板 保温板 高分子防水纸 PVC 挂板

续表

项　目	配置一	配置二	配置三
门窗	铝合金门窗	塑钢窗 普通钢门	双层中空塑钢窗 成品模压钢门
单位成本	900 元/m^2	1000 元/m^2	1200 元/m^2

3.3　生活配套设施

为了尽快实现地震灾区灾后重建、恢复生产，切实提高广大农村地区灾民的生活质量，不但依赖于房屋的快速建造，还应具备良好的生活配套设施。生活配套系统主要包括饮用水处理系统、生活污水处理系统、生态卫生厕所系统、采暖系统等。这些系统相互独立，但在某些技术中（如“沼气技术”）又是一个统一的整体。

3.3.1　饮用水处理系统

地震后可能伴随的大规模疫情爆发带来的灾害不亚于地震的危害。疫情爆发的主要原因之一是饮用不卫生的水所致，将水进行简单、实用、有效的处理，不仅可以大大减小疫情爆发的可能性，而且能切实实现广大农村灾民的卫生用水。简单的净水器处理是一种较好的净水处理方法，该净水器适合于农村家庭使用。

净水工艺采用慢滤水处理工艺，它不仅有机械筛滤的作用，同时也有物理化学和生物化学等复杂过程的共同作用。净水器结构如图 5 所示。

3.3.2　生活污水处理系统

短期来看，震后防止水污染也可有效的防止传染病，从长远意义上来说，农村的生活污水处理也是切实提高农村生活质

图5　净水器结构示意图

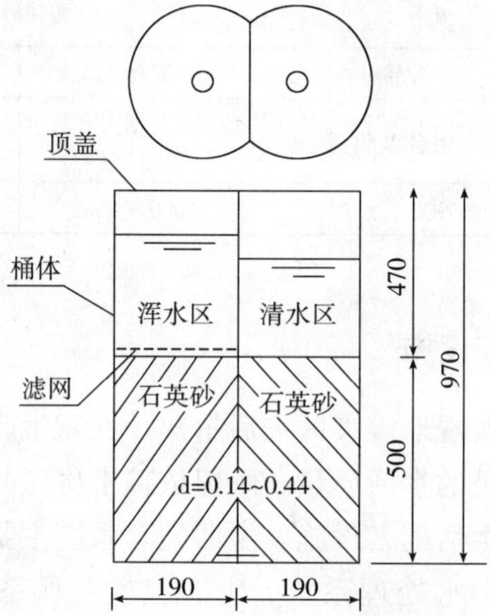

量，落实党和国家社会主义新农村建设的战略。农村生活污水是造成农村水环境污染的原因之一，虽然农村人口分散，但由于人口数量多，几乎没有任何生活污水收集和处理措施，是农村生活污染源成为影响水环境的重要原因，且随着农业生活方式的改变而逐渐加剧。适合广大农村使用的污水处理方法主要有厌氧生物处理、蚯蚓生态滤池污水处理、以土地处理为主的治理技术。

（A）厌氧生物处理技术

厌氧生物处理技术俗称沼气池技术。实践证明，农村办沼气，把沼气池、猪圈、厕所三者修在一起，是一举多得的好事：（1）解决家庭燃料。（2）增加优质肥料。（3）有利于节省劳动力和资金。（4）有利于搞好农村卫生工作。（5）有利于保护生态环境。

厌氧—兼氧无能耗污水生物净化处理系统的处理流程见

图6。该系统利用生物膜、生物滤池等手段进行兼氧、好氧分解，以厌氧消化工艺为主体，辅以生物氧化塘进行深度处理，通过多级自流、分段处理、逐级降解的形式处理村内汇集来的污水，整个处理过程不耗用动力，而是利用重力自然推流。

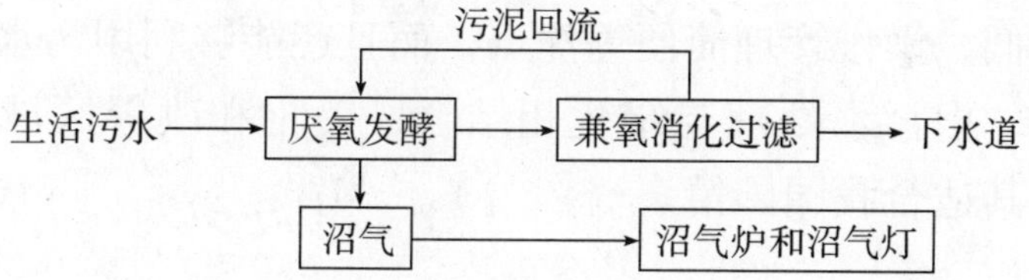

图6　农村生活污水净化池生产沼气工艺流程

（B）蚯蚓生态滤池污水处理技术

该技术是适用于50～300户的集中型农户的污水处理系统，将农户现有的化粪池改造后，或直接加以利用，用强化沟替代农户的沟渠或排污管，出水进蚯蚓生态滤池，其工艺流程如图7所示。滤池主要由布水装置、生态滤床和排水装置三部分组成。生态滤床从下层往上依次为：大石头，小石头，沙子和土壤层，此层也可以是蚓粪层，是蚯蚓活动的主要场所，土壤上面可以种植一些植物。

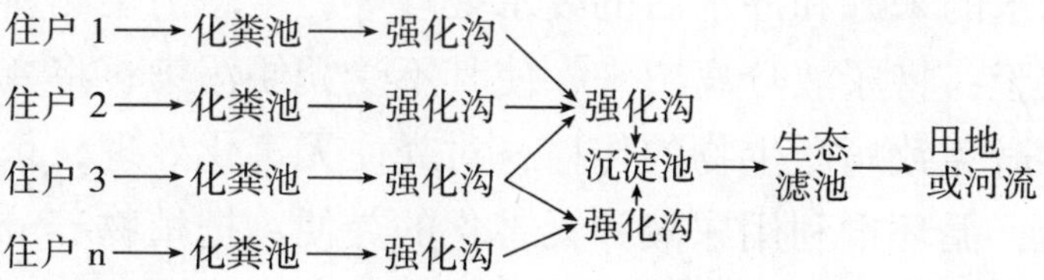

图7　生态滤池系统简易工艺流程

（C）以土地处理为主的治理技术

土地处理系统按运行机理可分为慢速渗滤土地处理系统、快速渗滤土地处理系统、人工湿地系统、综合生态湿地工程等。土壤地下渗滤处理系统是适合我国国情的一种治理技术。

土壤地下渗滤处理系统是日本开发的一种浅层土壤处理系统，其工艺原理是将污水有控制地投配到具有一定构造和良好扩散性能的土层中，利用土壤毛细管浸润扩散原理，通过生态系统的物质循环和能量流动，逐级降解、净化，其工艺流程如图8所示。该技术利用土壤的自然净化能力，具有基建投资低、运行费用低、操作管理简便等优点，而且还能够利用污水中的水肥资源，把污水处理与绿化相结合，美化和改善区域生态环境，尤其适合我国国情。

图8　土壤地下渗滤工艺流程

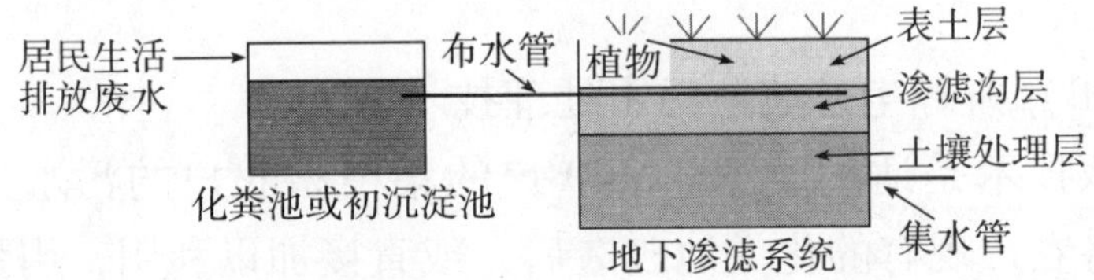

3.3.3　生态卫生厕所系统

生态卫生厕所也可以和生活废水处理系统有机的结合，也可作为该系统的一部分，亦可单独作为一个系统。

传统的冲水厕所虽然比较卫生，但是对现在缺少统一污水处理厂的农村来说是不现实的，而且冲水厕所带来的问题很多，如水的来源和冲水后的废水处理等。生态卫生厕所系统的特点在于：将尿液分离出来，使其不受粪便污染；将粪便限制封存，避免致病微生物的传播；对粪便无害化处理，杀灭致病微生物；循环再利用尿液和无害化的粪便，把植物养分回归到土壤当中。图9是一个尿分流式干厕，厕便和手纸直接落下尿液被分流到一个单独的储尿池中，不需冲水。

在生态卫生系统中不将尿液、粪便、手纸和水混在一起，而是采用了3个分开的流程加1个气体的流程，如图10所示。

图10中，储粪桶包括粪便与手纸、锯末或灰等干物质的

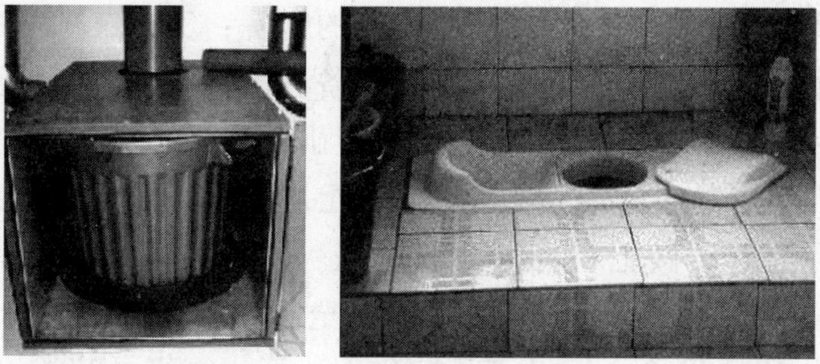

图 9　尿分流式干厕和盛粪便和手纸的容器

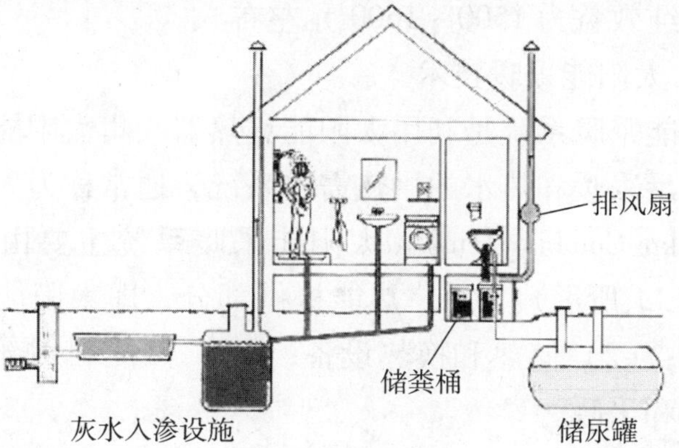

图 10　生态厕所系统

混合物；储尿罐包括尿液以及清理尿液管道用的少量的水；灰色入渗设施内为洗浴、洗衣以及厨房的污水；排风扇将气体从卫生间抽进便器，向下然后从屋顶被排出。该系统即将我国传统的干式厕所改进到更适应现代化的生活要求。生态卫生系统由以下几部分组成：特别设计的蹲便器或坐便器、收集粪便的容器或桶、储尿池、灰水渗率装置、通风管道、对粪便进行堆肥处理的位置。对传统房屋，大约 300 ~ 900 元的投资就可以拥有自己的室内厕所甚至是楼上厕所。

3.3.4　房屋采暖系统

（A）以生活污水处理产生的沼气采暖

沼气建设与卫生间、动物圈舍相结合，实现人畜分离、厨圈分离、圈厕分离，整治房前屋后的庭院，实现农村清洁、卫生的生活环境。现有利用沼气的设备有沼气灶、沼气饭煲、沼气灯和沼气热水器。沼气池可以砖砌，也可以玻璃钢整体制作。$8m^3$ 左右的建池费用约 1500 元，运行保养费用也较低，沼液和沼渣可做肥料，经济效益高。将沼气用于炊事，比烧煤、烧柴每天可节省 1.5 个小时，全年可节省 400 多个小时，可减少用工 50 个，每个工日按 8 元计算，一年可节省 400 元。沼气池年纯效益为 1500～1600 元左右。

（B）太阳能采暖技术

太阳能采暖系统是利用太阳能集热器收集太阳能并结合辅助能源满足采暖和热水的供热需求系统，通常称为太阳能联合系统（Solar Combisystem）。太阳能采暖系统主要由三部分构成（如图 11 所示）：（1）热能提供部分，即太阳能集热器和辅助能源；（2）储热和换热设备；（3）热能利用部分，提供生活热水和采暖。

图 11　太阳能联合系统示意图

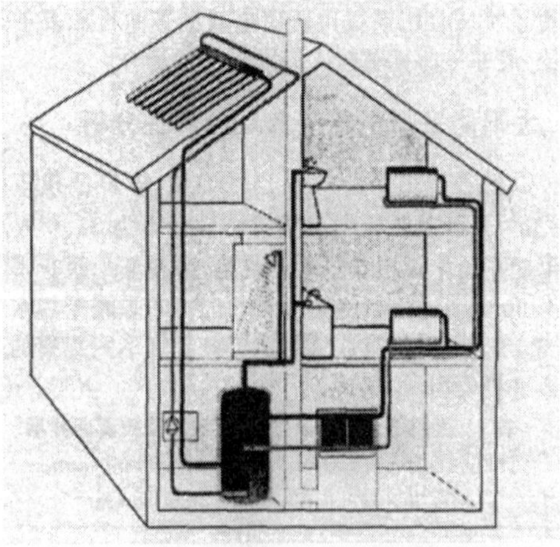

从投资回收年限看，以太阳能采暖方式替代电或油等能价

比高的能源，投资静态回收期远低于系统寿命，投资回报较高，值得规模化推广。

综上所述，简易饮用水处理系统对灾后人民健康具有重要意义且简单易行，对水质不好的地区可长期采用。生活污水处理系统对于灾后水源卫生和长期环境污染治理以及社会主义新农村建设都具有重要意义，其中以沼气为核心的技术有较大推广价值，其他技术可针对相应地区选用。生态卫生厕所系统对于提高农民生活质量与水平是一项可行的技术。房屋采暖系统中，沼气等技术有较高的推广价值，太阳能虽投资较高但在个别地区具有较好的效益。最好能将各个系统有机简便的结合，降低造价，使其易于推广。

3.4 地震灾区学校、医院等公共建筑灾后重建建筑类型的选择

在四川汶川特大地震灾害中，数以万计的房屋倒塌，给人民的生命财产带来了巨大的损害。其中学校、医院等公共建筑人员聚集，这类建筑物的破坏、倒塌后果尤为严重。此外，医院等公共建筑的倒塌不仅会造成大量人员伤亡，也不利于灾后伤员的救治和防疫工作的展开。生命的教训使我们必须重新审视现有公共建筑的抗震性能，必须在这些地区采用具有优异抗震性能的建筑结构形式。钢结构以其良好的抗震性能历来得到结构工程师的青睐，同时其快捷的建造速度也是灾后快速恢复生产、使广大灾民尽快重建家园的重要保证。

适合作为地震灾区学校、医院等公共建筑灾后重建建筑型式——“单层轻型门式刚架和多层钢框架”符合我国节能减排，建设节约型社会的要求。在发达国家，钢结构的公共建筑已经达到了相当的比例，而且应用技术相当成熟。我国在这方

面和发达国家相比虽然有一定差距，但近十年由于钢产量的不断提高，钢结构成本下降，其在民用建筑中的比例逐渐上升。与传统结构体系相比，单层门式刚架和多层钢框架有着和冷弯薄壁型钢轻型住宅类似的优点，此处不再累述。

3.4.1　单层钢结构和钢结构框架结构体系成套技术

针对这次地震灾害中学校教学楼和校舍以及医院等公共设施的特点，这里提出几种较为经济的钢结构形式，供不同地区选择。下面的阐述中，主要从主体结构方面分类阐述，围护结构同“轻型房屋钢结构体系成套技术”。

（A）单层钢结构教室和校舍

这种形式适用于人数相对较少的乡村学校。由于学生人数不多，因此可以考虑采用单层轻型门式刚架结构，其主要特点是自重轻，便于运输；对地基处理要求不高，处理费用低；抗震性能好；安装速度快；造价低，适合经济不发达地区。

这种单层校舍主结构采用焊接 H 型钢或热轧 H 型钢构件组成，所有构件均可工厂加工，然后运至现场进行拼装。一个普通校舍在构件到场后，主结构 1～2 天即可安装完成，围护系统 5～7 天便可安装完成并投入使用。由于是单层结构，造价相对较低，比较适合乡镇一级地方建造校舍和教室。此外单层建筑没有楼板，屋面采用的是轻型维护体系，地震作用时的次生灾害小。

由于围护结构的不同选择与搭配，产生了整体房屋的不同配置。单层房屋建筑面积按 1080m^2（60m×18m）计，其造价在 550 元/m^2 至 800 元/m^2 之间。

（B）多层钢结构教室（校舍）、医院等公共建筑

这种结构形式适用于人数相对较多的镇、县级学校和医院等公共建筑。由于人数较多，因此考虑采用多层钢框架结构，

能增大建筑使用面积。其主要特点是自重轻，便于运输；对地基处理要求不高，处理费用低；抗震性能好；安装速度快；造价较低。

这种多层钢结构采用焊接 H 型钢、热轧 H 型钢或钢管等构件组成，所有构件均可工厂加工，然后运至现场进行拼装。一个普通多层钢框架（按建筑面积 3000m^2 计算）在构件到场后，主结构 20～30 天可安装完成，围护系统 15～25 天便可安装完成并投入使用。多层钢框架在我国应用已经有相当长一段时间，技术成熟，抗震性能好。通常，在抗震区楼面采用现浇组合楼板，结构具有很好的整体性；屋面和墙体采用轻钢维护体系，可有效减轻自重，减小地震作用下的结构反应，降低次生灾害。

根据不同的围护结构，两层钢框架教室（校舍）、医院的单位造价在 700～1000 元/m^2 之间，3 层钢框架教室（校舍）的单位造价在 750～1050 元/m^2 之间。

4 结 论

汶川地震灾难是惨痛的，使我们认识到建筑工程质量的重要性，它关系到人民群众的生命和财产安全。我们坚信，通过加强对工程质量的控制和管理，完全可以将地震灾害造成的损失减至最小，特别是中小学和医院应当高度重视。

惨痛的经验教训告诉我们，亟待提高我国广大农村地区民房及学校、医院等公共建筑的抗震能力，从根本上解决地震灾害给广大群众造成的巨大生命、财产损失。为了尽快使广大灾区重建家园、恢复生产，并结合国家的“社会主义新农村建设”战略，切实提高广大人民群众的生活质量，建议在我国地震灾区大量应用具有优异抗震性能、具有良好经济效益、社会效益、建设速度快捷的轻型钢结构住宅体系和钢框架结构体系，并提出了相应的生活配套系统。

参考文献

[1] 王俊. 汶川建筑震害规律总结及建议. 中共中央党校，学习时报
[2] 万忠厚. 浅谈建设工程质量的管理. 黑龙江科技信息，2008（18）
[3] 严峙岳，严玉林. 工程质量管理之我见. 中华建设，2008（3）
[4] 黄国华. 工程施工质量管理的现状分析. 建材与装饰，2008（4）

ESTABLISH SCIENTIFIC AND EFFICIENT MECHANISM FOR THE EMERGENCY MANAGEMENT

建设科学高效的应急管理机制

2008 年